범해선사문집

梵海禪師文集

동국대학교 불교기록문화유산아카이브사업단(ABC)
본서는 문화체육관광부 지원으로 동국대학교 불교학술원에서 간행하였습니다.

한글본 한국불교전서 조선 57
범해선사문집

2020년 7월 10일 초판 1쇄 인쇄
2020년 7월 20일 초판 1쇄 발행

지은이 범해 각안
옮긴이 김재희
펴낸이 윤성이
펴낸곳 동국대학교출판부

주소 04620 서울시 중구 필동로 1길 30
전화 02-2260-3483~4
팩스 02-2268-7851
Homepage http://dgpress.dongguk.edu
E-mail book@dongguk.edu
출판등록 제2-163(1973. 6. 28)
편집디자인 동국대학교출판부
인쇄처 네오프린텍(주)

ⓒ 2020, 동국대학교(불교학술원)

ISBN 978-89-7801-981-1 93220

값 13,000원

이 책의 무단 전재나 복제 행위는 저작권법 제98조에 따라 처벌받게 됩니다.

한글본 한국불교전서 조선 57

범해선사문집
梵海禪師文集

범해 각안 梵海覺岸
김재희 옮김

동국대학교출판부

범해선사문집梵海禪師文集 해제

오 경 후

동국대학교 불교학술원 교수

1. 개요

『범해선사문집梵海禪師文集』은 조선 후기 대둔사(현 대흥사)의 승려 범해 각안梵海覺岸(1820~1896)의 문집이다. 조선 후기와 말기 대둔사를 중심으로 한 불교계의 동향과 사상과 신앙, 승려들의 수행상, 그리고 유학자와의 교유 등 다양한 면모를 살필 수 있는 자료적 가치가 있다.

2. 저자

저자에 대한 전기 기록은 『동사열전東師列傳』 권4의 「자서전自序傳」과 법제자 율암 찬의栗庵贊儀가 찬술한 「범해선사행장梵海禪師行狀」에 상세히 나타나 있다.

대사는 호號가 범해梵海, 자字는 환여幻如, 법명은 각안覺岸이다. 신라 최치원崔致遠의 후예이고, 조선의 은사隱士이자 숭록대부崇祿大夫 최수강崔壽

崙의 6세손으로, 1820년(순조 20) 현재의 전라남도 완도인 청해淸海 범진梵
津 구계九階에서 태어났다.

14세 때 해남 대둔사大芚寺 한산전寒山殿에서 호의 시오縞衣始悟(1778~1868)
선사에게 출가하여, 입적할 때까지 대둔사의 일로향실一爐香室에서 주석
했다. 16세에 삭발하고 하의 정지荷衣正持 선사에게 십계十戒를 받았으며,
호의·하의·초의草衣·문암聞庵·운거雲居·응화應化의 6대 종사에게 교
敎와 선禪을 참학參學하고, 이병원李炳元에게서 유학을 수학하였다. 또한
태호太湖·자행慈行 두 선사에게서 재의齋儀를 배우기도 했다. 27세 때는
호의 선사의 인가를 받고 진불암과 상원암에서 6년간 강설을 펴, 유불선
삼교의 교부敎父이자 12종사宗師의 법손法孫으로 인정되었다.

각안이 출가하여 평생을 주석했던 대둔사는 창건 이후 조선 초에 이르
기까지는 사세寺勢가 그다지 활발하지 못했다. 그러나 조선 중·후기 불
교의 중흥조라고 할 수 있는 청허 휴정(1520~1604)의 의발衣鉢이 대둔사에
전해지면서 조선 후기와 말기에 선교禪敎의 종원宗院이 되었다. 특히 대둔
사의 12종사와 12강사講師는 대둔사의 중흥조뿐만 아니라 조선 후기 불
교사를 대표했던 인물들이다. 예컨대 서산문도西山門徒인 이들 12종사의
『화엄경華嚴經』연구와 이들이 주관한 대규모의 법회法會는 대둔사가 전국
의 치림緇林이 수행하고 교학을 공부하는 산실이 되는 터전을 마련하였
다.

각안의 스승 호의 시오 선사 또한 대흥사 12종사 가운데 한 사람이었
던 연담 유일蓮潭有一(1720~1799)에게서 사집四集을 수학하였고, 12강사 가
운데 한 분이었던 완호 윤우玩虎倫佑(?~1826)의 법을 이었다. 호의 시오의
『반야경般若經』·『원각경圓覺經』·『화엄현담華嚴玄談』·『화엄경』등의 수학
은 제방 여러 사찰에서의 선수행과 더불어 이루어졌다. 또한 호의 시오는
당시 강진에서 유배 생활을 하던 다산 정약용丁若鏞과 교유하였다.

이와 같이 각안은 조선 후기 불교계를 대표했던 대둔사의 종사와 강사

의 영향을 받으면서 12종사의 적손嫡孫이 되었다. 그가 호의 선사의 법인法印을 얻고 난 27세 때는 대둔사의 진불암眞佛庵과 상원암上院庵에서 보리菩提의 법 도량을 만들고, 북암北庵과 만일암挽日庵을 선을 강설하는 별궁別宮으로 삼기도 하였다. 여섯 번이나 『화엄경』을 강의하고, 열두 번이나 『범망경梵網經』을 강설한 일은 이와 같은 면모를 잘 보여 주고 있다. 초의 의순草衣意恂(1786~1866)의 『일지암문집一枝庵文集』에는 「범해회중 학계서문(梵海會中學契序)」이 수록되어 있는데 이것은 아마도 각안이 학계學契를 결성하고 초의에게 그 서문을 부탁한 글로 보인다.

　배움을 펴 보겠다는 이가 그 동료들과 함께 스승을 위한 계를 만들고는 나에게 한마디 서문을 써 줄 것을 요구해 왔다.……(중략)……기뻐한 나머지 권하여 말하노니, 학문을 쌓고 견문을 넓히라. 꽃이 떨어진 후에 열매가 맺히듯 이러한 이치가 곧 내가 배우는 자에게 바라는 바이다.(『한국불교전서』 제12책 262쪽)

각안의 법명이 나타나지 않아 분명하지는 않지만, 대흥사에서 『화엄경』과 『범망경』 등을 여러 차례 강의하였고, 스승이 되어 학계를 만들었다는 점, 그리고 '범해회중 학계梵海會中學契'라는 제목에서 이 계는 각안이 학인들에게 경전 강의를 위해 결성한 것임을 알 수 있다.

　선사의 저술은 『경훈기警訓記』・『유교경기遺敎經記』・『사십이장경기四十二章經記』 등의 불교 관계 저술과 『사략기史略記』・『통감기通鑑記』 등의 사서史書, 그리고 『박의기博議記』・『사비기四碑記』・『명수집名數集』 등이 있지만, 세상에 간행되어 유포되지는 못했다. 현재는 『동사열전』과 시고詩稿 2편・문고文稿 2편이 『한국불교전서』 제10책에 수록되어 전하고 있다.

　그의 시문집에는 교유했던 문사文士와 승려에게 보낸 편지, 그리고 세 차례에 걸쳐 유람했던 팔도 유람지에 대한 감흥을 표현한 시문이 수록되어 있다. 그의 행적 가운데 세 차례의 팔도 유람은 그가 찬술한 승전僧傳인 『동사열전』에 영향을 끼친 것으로 주목된다.

1차 유람은 1844년(헌종 10) 25세 되던 해에 경상남도와 전라남북도를 중심으로 이루어졌다. 이때의 여정을 간략하게 살펴보면 방장산(지리산), 진양(진주), 가락국(김해), 범어사, 부산진, 통도사, 송광사, 운주사, 천관사 등이다. 이때의 유람은 유적지와 사찰이 중심이 되었으며, 나머지 두 차례의 유람에서도 동일한 경향을 보이고 있다. 그의 유람은 수행의 목적을 지녔을 뿐만 아니라 지나간 역사의 흔적을 되새겼으며, 그곳에서의 감흥을 시로 읊고, 비문碑文의 글을 옮겨 적기도 하였다.

1873년(고종 10) 54세 때에는 제주도를 유람하였는데, 이곳에서는 정방폭포·산방굴사의 옛터 등 명승을 두루 유람하였다. 학자들과도 교유하여 목사牧使와 차를 마시기도 하고 시를 써 주기도 하였다. 이와 같이 각안은 제주도의 관리뿐만 아니라 이곳에서 귀양 생활을 했던 김정희金正喜와 초의·만휴萬休·영호靈湖 등 불교계 인물이 한때 머물던 곳을 돌아보기도 했다.

제주도를 유람한 지 2년 뒤인 1875년(고종 12)에는 월여 범인月如梵寅, 금성 보헌錦城普憲과 함께 한양과 함경도·충청도·전라도 지역으로 떠난다. 이때의 유람은 앞의 두 차례와는 달리 사찰 순례寺利巡禮가 중심이 되었다. 양주 수락산水落山 흥국사興國寺·화성華城 용주사龍珠寺·직산稷山 봉선사奉先寺·홍경사弘慶寺 유지遺址, 북쪽으로는 설봉산雪峯山 석왕사釋王寺·내원암內院庵·장안사長安寺·표훈사表訓寺·마하연摩訶衍·묘길상암妙吉祥庵·보개산寶盖山 심원사深源寺, 충청도 지역에서는 마곡사麻谷寺·관촉사灌燭寺 등을 유람하였다.

그런데 각안의 이와 같은 사적史蹟에 대한 답사踏查와 사찰 순례는 단순히 수행의 방편만은 아니었다. 역사적 인물의 비문을 옮겨 적고, 사찰 순례를 통해 조선 불교사에 대한 자긍심을 느꼈으며, 당시 탄압으로 신음하고 있던 불교계의 현실을 목도하였다. 각안은 이 과정에서 역사의식을 함양하고 불교계의 암울한 상황을 극복하고자 고뇌하였을 것으로 생각된다. 각안이 세 차례에 걸친 유람을 통해 얻은 정보와 대둔사에서 수집한 승전에 관한 자료는 조선 불교가 지닌 긍지를 보여 주고, 열악한 불교계의 사정을 극복하고자 했던 그의 시대적 고민을 해결해 주는 단서가 되었을 것이다.

각안은 1896년 12월 26일 입적하였다. 행장을 쓴 율암 찬의는 "선사께서 지은 시와 글은 경박함과 화려함을 버리고 진실을 취하였으니 이른바 허식을 버린 진수眞髓라는 것이 잘못된 평가가 아니다."라고 하여 각안에 대한 세간의 평가를 옮겼다.

선사의 인물평은 행장을 쓴 찬의의 "마음은 하늘을 거스르지 않았고 낮은 사람에게 부끄러움이 없다.(心不逆天。面不愧人。)"라는 말로 대신할 수 있다. 열반 전날 문인들을 불러 놓고 전한 열반송은 다음과 같다.

여러 인연을 그릇 인식한 지 77년　　　　妄認諸緣稀七年
창봉의 사업도 모두 망연하구나　　　　　窓蜂事業總茫然
문득 피안에 올라 시운 따라 소요하니　　忽登彼岸騰騰運
비로소 바다 위 물거품임을 깨닫네　　　　始覺浮漚海上圓

대사의 후학으로, "교종敎宗을 전하 사람은 원응 계정圓應戒定, 선종과 교종을 전한 사람은 취운 혜오翠雲慧悟·서해 묘언犀海妙彦·금명 보정錦溟寶鼎·율암 찬의다."라고 하였다. 전법傳法의 수수 관계는 수은자受恩者 2인, 수사미계자受沙彌戒者 23인, 전교자傳敎者 3인, 전선자傳禪者 81인으로 밝히고 있다. 이로써 본다면, 의찬이 서술한 선사의 행장은 선사의 자술인 「자서전」에 바탕을 두고 있음을 알 수 있다.

3. 서지와 구성

『범해선사문집』은 1921년 해남 대흥사에서 간행하였다. 2권 1책으로 구성되었으며, 연활자본鉛活字本이다. 동국대학교 중앙도서관과 서울대학교 규장각 등에 있다. 동국대학교 중앙도서관본은 표제表題가 『범해선사유고梵海禪師遺稿』로, 책 크기는 23.0×15.0cm이다.

본서의 저본은 동국대학교에서 편집한 『한국불교전서韓國佛教全書』 제10책에 수록된 것이다. 제1권에는 기記 8편, 발跋 2편, 설說 5편, 변辨 3편, 논論과 법문法門 2편, 명銘 6편, 찬贊 5편, 축祝 1편 등 32편의 글이 수록되어 있다. 제2권에는 상량문上樑文 5편, 서문序文 19편, 모연募緣 소疏 5편, 서書 12편, 제문祭文 1편 등 42편의 글이 수록되어 있다. 여기에 「범해선사행장」이 첨부되어 있다.

4. 내용과 성격

『범해선사문집』의 제1권은 기·발·설·변·논·법문·명·찬·축 등의 형식으로 32편의 글이 수록되어 있고, 제2권에는 상량문과 각종 서문·모연 소·서·제문 등의 글 42편과 행장이 수록되어 있다. 이 중 특기할 만한 글을 중심으로 소개하면 다음과 같다.

1) 제1권

「자웅종기雌雄鐘記」는 치악산雉岳山의 전설을 소개한 글이다. 뱀과 꿩의 싸움을 본 스님이 꿩을 구해 주자, 꿩이 스님을 위하여 종을 쳐 은혜를 갚았다는 내용이다. 종의 이름을 '자웅종'이라 한 것은 바로 한 쌍의 꿩을 의미한 것이며, 치악산의 이름도 여기서 유래하였다. 지금은 '치악산雉岳山'이라 하여 산악의 의미인 '악岳' 자를 쓰고 있으나 이 글에서는 꿩이 음악을 알렸다는 의미로 '악樂' 자를 쓰고 있음이 주목된다. 말미에 "이 때문에 산을 치악雉樂이라 이름하였고, 타종 소리는 온 나라의 사찰에 퍼지게 되었다.(故以雉樂名其山。以打鍾聲。布於一國寺刹云。)"라고 했으니, 당시에는 '치악산雉樂山'이라 했음을 알 수 있다.

「화공양기花供養記」는 해남의 이보일李輔逸과 김명순金明淳이 보낸 영산홍과 모란을 심어 놓고 감상하면서 불경에서 이르는 꽃 공양의 의미를 이야기한 것이다. 『대일경大日經』에서는 "꽃은 자비로부터 피어나, 괴로움을 제거하고 즐거운 마음을 준다.(花從慈悲生。拔苦與樂。)"라고 하여, 꽃이 오공양五供養(香花茶飯燈) 중의 둘째이고, 육공양六供養(香燈花果茶飯) 중의 셋째라 하였다.(『영산재의靈山齋儀』) "사시사철 공양하니, 다섯 가지 복이 원만하도다.(四時供養。五福圓盈。)"라는 게송으로 마무리하였다.

「천불 조성 약기千佛造成畧記」는 당시의 불사들이 얼마나 어려운 고난을 겪고서 이루어졌는지를 알려 주는 하나의 자료라 하겠다. 각지에서 일천불을 조성하여 봉안하려 운반하다 풍파를 만나 일본까지 표류했다 되돌아오는 과정이 날짜별로 기록되어 좋은 자료가 된다.

「곡직변曲直辨」은 사람을 가르치는 강사講師가 곧거나 굽은(曲直) 인재를 곧게 기르는 것이나, 장인匠人이 곧거나 굽은 목재를 적소에 이용하는 것이 같다는 원리를 재미있게 설명한 글이다. 결론 부분을 인용해 보자.

장인이 그 굽은 것을 알고도 버리지 못한 것은 곧은 나무가 적기 때문에 부득이해서 쓴 것이요, 학인을 훈도할 때 그 굽은 것을 알고도 거절하지 않은 것은 곧은 사람이 적어 부득이해서 받아들인 것이다. 장인과 스승은 노고는 같지만 가는 길은 같지 않다. 어느 날에 한자리에 앉아 한잔 술을 권하면서 웃으며 피차의 시름을 깨뜨려 볼까.

「축맹치설逐蚲峙說」은 전라남도 곡성 태안사泰安寺의 연기 설화이다. 신라의 혜철 국사慧徹國師가 모기가 많던 곳에 절을 창건하여 파리, 모기가 사라졌기에 고개 이름을 '축맹치'라고 했다는 설화이다.

2) 제2권

「『선문만어禪門謾語』 서序」는 초의 의순草衣意恂이 찬술한 『선문사변만어禪門四辯漫語』의 서문이다. 조선 후기 백파 긍선白坡亘璇은 『선문수경禪文手鏡』을 저술하여 '의리선—여래선—조사선'이라는 새로운 삼종선 체계를 세운 바 있다. 깨닫고 수행해야 부처가 될 수 있다는 의리선, 중근기의 중생이 본분과 향상을 깨닫는 것인 여래선, 상근기의 중생이 진공과 묘유를 향상함을 깨닫는 것인 조사선으로 선을 분류했다. 이는 임제선의 정통성을 이론적으로 객관화해 내려는 의도에서 비롯된 것이나 논란이 적지 않았다. 초의는 교와 선은 다른 것이 아님을 『선문사변만어』를 통해 반박하였다. 이 논쟁에서 추사 김정희가 백파의 이론을 비판하고, 반론에 반론을 거듭하면서 조선 후기의 유명한 선 논쟁으로 발전하였다.

각안은 서문에서 "(백파의) 『선문수경』을 얻어 보고 그 가운데 뜻이 맞지 않은 것을 추려 변론하여 바르게 하니, 이는 바로 보는 자의 마음의 진위眞僞를 드러내어 어떻게 구하고 물리쳐야 하는가를 나타내 보인 것"이라고 하여 저술의 의도를 부각시켰다.

「『통감사기通鑑私記』 서序」는 역사서를 공부하면서 난해한 곳에 직접 사견을 달면서 익혔던 실례를 기록으로 남기면서 그 과정을 설명한 것이다. 당시 승려들이 내전인 불경뿐만 아니라 외전인 유가서나 역사서까지 두루 읽었던 점을 보여 주는 좋은 자료라 하겠다.

「수보살계 계안 서受菩薩戒契案序」에는 "석가로부터 보리달마菩提達摩에 이르기까지 서천 28세가 되고 달마로부터 혜능慧能에 이르기까지가 중국의 직전直傳 6세가 된다. 혜능으로부터 석옥石屋에 이르기까지가 중화로부터 방전傍傳 23세가 되고, 석옥으로부터 나에게 이르기까지 동국 16세가 되니 도합 73세이다."라고 하여 선종禪宗의 정통 계보系譜를 밝히면서 각안 자신을 선사의 계보에 올리고 있다.

「고진불 사맹불량안 서古眞佛四孟佛粮案序」는 고진불암古眞佛庵에서 사계절의 매 첫 달(四孟月 : 1, 4, 7, 10월)에 재를 올리기 위해 시주한 내역을 담은 기록의 서문이다. 시주인과 시주의 공덕을 비유한 내용과 문장 수사가 참으로 절묘한 느낌을 준다.

거문고에는 아양峨洋의 오묘한 음이 있지만 손가락이 아니면 나타날 수 없고, 퉁소는 봉황의 높은 곡조를 갖추었지만 입술이 아니면 드러나지 않으며, 사람은 현능한 덕성을 품고 있어도 혀가 아니면 말할 수 없다. 이로써 손가락을 대면 음이 나타나고 입술을 불면 소리가 드러나며 혀를 움직이면 말이 되나니 오묘하도다. 거문고와 퉁소와 사람이 본래 순원純元의 본체를 갖추고 있지만 손가락과 입술, 혀의 순환하는 쓰임이 아니면 어찌 훌륭하게 나타낼 수 있겠는가.……(중략)……재물을 베푸는 군자는 부처님께 수복壽福을 얻고, 시주를 권하는 화사化士는 군자에게 공덕을 이룬다. 단나는 거문고·퉁소·사람과 같고 화사는 손가락·입술·혀와 같다. 화사가 단문檀門을 이끌고 권면한 후에 단문을 크게 열어 탐욕을 제거하고 법재法財를 구족하면 오늘날의 수달 장자須達長者가 될 것이요, 미래의 다보여래多寶如來가 될 것이다. 이로써 말하자면 권면한 후에 재물을 베풀고 재물을 베푼 후에 공양하는 것은 화사의 공용功用이니 손가락에 견주어 단나의 아래에 붙이고, 재주財主의 공덕의 본체는 거문고에 비견되니 화사의 위에 붙이고, '사맹불량안'이라고 명명하여 그 아름다운 이름을 다음에 쓴다.

「대둔사 무량회 모연 소大芚寺無量會募緣疏」와 「무량회 중수 모연 소無量會 重修募緣疏」는 서방왕생西方往生을 서원한 글이다. 염불과 참선이 둘이 아니라고 보고 관음을 참선에 대응시키고 있다는 점에서 각안의 불교 사상이 천태 사상과도 관련이 있음을 알게 한다.

각안의 글에 의하면 무량회는 무량수불을 염원하는 선회禪會이다. 본래 대둔사 회암 심훈懷庵心訓(1808~1887)과 설허 지연雪虛智演 두 대사가 1887년(고종 24) 이전 해남 시내 북쪽에 무량회를 열고 무량수불을 수계하는 계단(尼壇) 위에서 염원하였다고 한다. 회암 심훈은 간성杆城의 만일회萬日會에 동참하고, 순천 송광사 수선결사修禪結社에 의지하여 대둔사 무량회를 결성하였다. 무량회는 이후 청봉 세영淸峯世英(1855~?)에 의해 재건되었다. 『무량수경』은 정토삼부경 중의 하나로서, 회암이 일과로 실천하고 가르쳤던 선과는 관련이 없는 경전이지만, 신도들과 함께 모이는 무량회의 집회에서는 이들에게 가장 설득력을 가지고 있던 『무량수경』을 송경誦經했음을 짐작해 볼 수 있다. 다시 말해, 정작 회암 자신은 정토왕생 신앙을 실천하지 않았던 전문 선 수행자였지만, 결사結社의 집회에서는 신도들의 수준과 요구에 맞추어 정토경전을 염불했음을 알 수 있다.[이에 대해서는 김성순, 「대둔사 무량회에 비친 19세기 불교계의 고민」『종교와 문화』 21호, 서울대학교 종교문제연구소, 2011)을 참고할 만하다.]

이 외에 제2권에는 서간문 12편이 수록되어 있다. 이 중 동도자인 스님으로 보이는 분은 철요鐵鷂 스님과 혼허渾虛 스님 두 명뿐이고, 나머지는 유가와의 왕래서이면서 당시 관계의 요로에 있는 인물에게 쓴 것이다. 이로 보아 선사가 당시의 유불 고덕 석사高德碩士와 교유가 깊었음을 알 수 있다.

5. 가치

『범해선사문집』은 조선 후기와 말기, 승려와 유학자의 폭넓은 교유를 알 수 있는 문헌이다. 16세에 대둔사로 출가하여 초의에게서 구족계를 받았던 범해 각안은 초의 이후의 시대에 대둔사의 인적 교유 영역을 넓혔던 승려로 꼽을 수 있다.「범해 선사 행장」에 의하면 그는 이병원李炳元에게서 유학을 배웠으며, 그 외에도 여러 유학자들과 폭넓게 교유했음을 알 수 있다. 특히 문집에는 박노하朴蘆河와 유불 교류의 당위성에 관해 의견을 주고받은 서신이 있어 당시 유불 간의 상호 인식과 선사의 견해를 들여다볼 수 있다.

각안 외에 초의 의순 역시 유학자와 적극적인 교유를 나눈 인물이다. 초의는 1815년에 한양으로 갔을 때 홍석주洪奭周, 홍현주洪顯周, 김재원金在元, 김경연金敬淵, 윤정현尹定鉉, 김유근金逌根, 이노영李魯榮, 이상적李尙迪, 정학연丁學淵, 정학유丁學遊, 윤치영尹致英, 신위申緯, 김정희金正喜, 김명희金明喜 등 당대의 명사들과 교유하며 많은 시문을 남기기도 했다. 초의는 1834년 일지암에 들어온 소치 허련小癡許鍊(1809~1892)에게 불화 그리는 것을 가르쳤으며, 1845년에는 전라남도 수군절도사로 내려온 신관호와 그 주변의 인물들과도 교유하게 된다. 각안은 스승이기도 한 초의를 매개로 유학자와 폭넓은 교유를 통해 불교뿐만 아니라 당시 유학 사상에 대해서도 그 식견을 높일 수 있었다.(참고로 대둔사 승려 중에서 유학자와 교유하면서 유·불 동이同異 논쟁을 전개한 이들로는 영허 선영映虛善影·응운 공여應雲空如·설두 유형雪竇有炯 등이 있다.)

대사의 문집은 각안의 역사에 대한 관심과 그 인식을 살필 수 있는 자료적 가치를 지니고 있다. 각안의 저술 중에는 『사략기』·『통감기』 등의 역사서와 신라의 최치원이 찬술한 삼사일사비三師一寺碑(사산비명)에 주석을 붙인 『사비기』가 있다. 또한 그의 생애 동안 세 차례에 걸쳐 전국 명승지를 유람했던 기록과 유람지에 대한 감흥을 문집과 시집에서 어렵지 않게 발견할 수 있다. 특히 「대둔사지 약기大芚寺志畧記」·「아육왕탑변阿育王塔辨」·「『불조원류佛祖源流』 서序」는 대둔사와 고대부터 조선 말기에 이르기까지 한국불교 역사에 대한 관심을 표명한 사료적 가치가 있다.

마지막으로 문학적 측면에서 본서를 검토한 이종찬 교수의 평가를 덧붙여 둔다.

『범해선사문집』이 양은 그리 많은 편은 아니지만, 글의 내용이나 문장의 수준은 당대의 문장가라 할 만하다. 더구나 행장에 기록되어 있는 저술 목록으로 미루어 보아도 평생을 집필로 이바지한 듯한 양이다. 현전하는 것은 문집과 시집 외에 『동사열전』뿐이지만 이 저술의 내용으로도 선사의 문장력을 짐작할 수가 있다.

제자이면서 『범해선사시집』에 발문을 쓴 금명 보정錦溟寶鼎(1861~1930)은 근대에 드물게 많은 저술을 남겼으니, 이러한 저술력은 스승인 범해선사에게서 이어진 것이 아닌가 한다. 『동사열전』의 6권 중 권5, 권6은 원래의 『동사열전』에 수록되지 않았지만 범해 선사가 당시에 활동한 고덕高德들을 보완하여 쓴 것으로 판단된다.

현존하는 저술 목록에 비하여 전해지는 시문이 많지 않음이 유감이기는 하나 범해 선사가 한말韓末의 문장가였다는 점만은 인정이 되어야 할 것이다.

6. 참고 문헌

범해 각안 저·김두재 역, 『동사열전』, 동국대학교출판부, 2015.
김성순, 「대둔사 무량회에 비친 19세기 불교계의 고민」, 『종교와 문화』

21호, 서울대학교 종교문제연구소, 2011.
오경후, 『승전과 사지로 본 조선후기 불교사학사』, 문현, 2018.

차례

범해선사문집梵海禪師文集 해제 / 5
일러두기 / 21

범해선사문집 제1권 梵海禪師文集 第一

문文 1~32편

자웅종기雌雄鐘記 25
은적암 산신각 창건기隱跡庵山神閣創建記 27
화공양기花供養記 29
청해 관음암 산신각 창건기淸海觀音庵山神閣創建記 32
옥주 쌍계사 중수기沃州雙溪寺重脩記 34
노인성기老人星記 36
대둔사지 약기大芚寺志畧記 38
수보살계첩 발受菩薩戒牒跋 44
『사십이장경평과』 발문 四十二章經評科跋 46
천불 조성 약기千佛造成畧記 47
다약설茶藥說 49
까치가 논에 둥지를 튼 데 대한 해설 鵲巢水田說 51
능견난사변能見難思辨 53
아육왕탑변阿育王塔辨 54
곡직변曲直辨 56
축맹치설逐蚑峙說 59
미황사 영허의 화행을 찬미하는 설 美黃靈虛化行說 60
순천 주검돌의 대동색설 順天朱黔突大同色說 62
오종결의론五種決疑論 64
대승계 법문大乘戒法門 68
다구명茶具銘 70
행장명行藏銘 71
죽비명竹篦銘 72

18 • 범해선사문집

목탁명 木鐸銘 73
주장명 柱杖銘 74
염주명 念珠銘 75
영산 선지식 찬 影山知識贊 76
백파 율사 찬 白坡律師贊 77
용운 대사 찬 龍雲大師贊 78
무위 진신 찬 無爲眞身贊 79
자찬 自贊 80
병인년 표충사 축 丙寅表忠祠祝 81

주 / 84

범해선사문집 제2권 梵海禪師文集 第二

문 文 2-42편

문향각 상량문 聞香閣上樑文 95
두륜산 진불암 법당 상량문 頭輪山眞佛庵法堂上樑文 99
두륜산 신건 영산전 상량문 頭輪山新建靈山殿上樑文 103
두륜산 시왕전 상량문 頭輪山十王殿上樑文 107
두륜산 상원암 신건 칠성전 상량문 頭輪山上院庵新建七星殿上樑文 111
『선문만어』 서 禪門謾語序 115
『두륜당시집』 서 頭輪堂詩集序 118
보제회중 학계안 서 普濟會中學稧案序 121
승족보 서 僧族譜序 124
『제서명수』 서 諸書名數序 126
서씨 동족계안 서 徐氏同族契案序 127
인기 상포계안 서 仁基喪布契案序 128
『동시만선』 서 東詩漫選序 130
『통감사기』 서 通鑑私記序 132
수보살계 계안 서 受菩薩戒契案序 134
고진불 사맹불량안 서 古眞佛四孟佛粮案序 136

『진불암지』서 眞佛庵志序 138
윤자계안 서 潤字契案序 140
자설혜자계안 서 自說慧字契案序 142
영산전 창건 시주안 서 靈山殿刱建施主案序 144
적광전 등촉계안 서 寂光殿燈燭契案序 146
『불조원류』서 佛祖源流序 148
강진 고성암 중종 시주안 서 康津高聲庵中鐘施主案序 150
장성 백양산 청류동 중종 시주안 서 長城白羊山淸流洞中鐘施主案序 152
대둔사 무량회 모연 소 大芚寺無量會募緣疏 154
서산 대사 영각 다례 모연 소 西山大師影閣茶禮募緣疏 156
무안 법천사 가사 및 천등 모연 소 務安法泉寺袈裟及千燈募緣疏 158
여산 미륵사 중수 모연 소 礪山彌勒寺重修募緣疏 160
무량회 중수 모연 소 無量會重修募緣疏 162
일허 거사에게 부치는 편지 寄一虛居士書 164
박노하에게 답하는 편지 答朴蘆河書 166
청양 수령【정대림】에게 올림 上靑陽倅【丁大林】 168
장연 부사에게 올리다 上長淵府使 169
단양 정 사군에게 올리다 上丹陽丁使君 170
신 승지에게 올리는 편지 上申承旨書 172
신 승지에게 올리는 편지 上申承旨書 173
조 판서에게 올리는 편지 上趙判書 174
철요 스님에게 부치는 편지 寄鐵鷯師書 175
혼허 스님을 위로하는 편지 慰渾虛師書 176
허 선달에게 답하는 편지 答許先達書 177
신 참판에게 올리는 편지 上申叅判書 178
제영각 다례문 祭影閣茶禮文 179

범해 선사 행장 梵海禪師行狀 180

주 / 185

찾아보기 / 198

일러두기

1 '한글본 한국불교전서'는 문화체육관광부의 지원을 받아 동국대학교 불교학술원에서 수행하고 있는 '불교기록문화유산아카이브(ABC)사업'의 결과물을 출간한 것이다.
2 이 책은 『한국불교전서』(동국대학교출판부 간행) 제10책의 『범해선사문집梵海禪師文集』을 번역하였다.
3 번역문에 이어 원문을 병기하고 간단한 표점 부호를 삽입하였다.
4 원문은 『한국불교전서』를 기본으로 하되 그 저본이 되는 목판본을 대교하여 제시하였다. 역자의 교감 내용에서 '저본'이라 함은 『한국불교전서』의 저본(연활자본)을 말한다.
5 원문의 교감 사항은 번역문의 각주와 별도로 원문 아래 부분에 제시하였다.
   ㉠은 『한국불교전서』 편찬자가 교감한 내용이다.
   ㉡은 번역자가 교감한 내용이다.
6 약물은 다음과 같다.
   『 』: 서명
   「 」: 편명, 산문 작품
   〈 〉: 시 작품
   Ⓢ 산스크리트어
   Ⓟ 팔리어

범해선사문집 제1권
| 梵海禪師文集* 第一 |

두륜산 여환 각안 지음
頭輪山 如幻覺岸 著

---

* ㉮ 저본은 신문관新文館 연인본鉛印本이다. 전라남도 해남 두륜산 대흥사에서 1921년 신연활자본新鉛活字本으로 간행하였다. 발행소는 대흥사, 인쇄소는 신문관이다. 동국대학교 불교학술원의 불교기록문화유산아카이브(ABC)에서 원문 자료를 확인할 수 있다.

문1
文一

자웅종기

원주原州 치악산雉樂山에 큰 절이 있다. 하루는 불존佛尊 수좌가 법당 뒤를 산책하는데, 커다란 뱀 한 마리가 꿩을 잡아 삼키려고 하였다. 이는 바로 도요새와 조개가 서로 다투어 어부가 실로 곁에 있는 줄을 알지 못하는 격이었다.[1] 수좌가 지팡이로 꿩을 구해 주었는데, 그날 밤 이경二更(밤 9시~11시)에 흰 모습의 노인이 와서 등불 왼쪽에 앉더니 큰 소리로 말하였다. "나는 이 절의 종을 주조한 화주승化主僧이다. 사방의 선인善人에게 모연하여 이 큰 종을 주조하였는데, 종소리가 맑지 않아 죄의 업보를 받아 뱀의 몸으로 생멸하며, 지금까지 한없는 세월을 보냈다. 오늘 다행히 꿩 한 마리를 잡아 점심으로 먹으려고 하였는데, 스님이 자비를 베풀어 구해 주어 나는 줄곧 굶주리게 되었다. 그 대신 반드시 스님을 먹고자 하니 그대의 뜻은 어떠한가. 만일 그렇지 않으려거든 나를 위해 종소리를 울려 이 추한 업보에서 벗어나게 해 준다면 이 또한 자비이리라." 노인은 말을 마치자 곧 떠나갔다.

수좌가 괴이하게 여기던 차에 이전에 울리지 않던 종이 웅웅 소리를 내며 하늘에 울려 퍼졌다. 가만히 보니 한 쌍의 꿩이 부리로 종을 울리는데 하나는 소리가 크고 하나는 작아서 절주節奏(리듬)가 있었고, 하나는 암컷 소리 하나는 수컷 소리로 자웅의 순서가 있었으며, 하나는 약하고 하나

---

1) 원 '文一' 두 자는 편자가 보입하였다.

는 힘차서 살활殺活을 드러냈으니 바로 불문에서 법을 짓는 예악이었다. 새벽녘에 노인이 다시 와 고하였다. "나는 종소리의 힘을 입어 뱀의 몸을 벗고 하늘로 오르게 되었소." 날이 밝아 가서 보니 한 마리 금빛 뱀이 남쪽 회랑 아래에 죽어 있었다. 수좌는 죽은 승려의 예로 그 뱀의 장례를 지내 주었다.

아, 꿩은 몸을 죽여 자신을 구해 준 은혜를 갚았고, 스님은 생명을 구하여 줌으로써 그 보답을 받았으며, 뱀은 스님 때문에 꿩의 생명을 놓아주고 꿩으로 인하여 오랜 괴로움에서 벗어났으니, 일거삼득一擧三得이었다. 각각의 처지는 같지 않았으나 참으로 보기 드문 일이었다. 이 때문에 산을 치악雉樂이라 이름하였고, 타종 소리는 온 나라의 사찰에 퍼지게 되었다.

雌雄鐘記

原州雉樂山有大刹。一日佛尊首座。彷徨於法堂之後。一大蟒包雉而欲相吞。噫。此正蚌鷸有爭。不知漁父之實在傍也。以杖救解雉。伊日二更。白像老翁來。坐於剪燈之左。錚然作聲曰。我乃此寺鑄鐘化主僧也。募緣於四方慈善。鑄此大鐘。鐘聲不淸。反受罪報。生滅蛇趣。於今無量劫數。而今日幸得一雉。好頓點心矣。蒙師慈悲。一飢如此。必欲代食。汝意若何。若欲不然。爲我打鐘作聲。免此醜報。此亦慈悲。言畢忽去。疑恠之際。前者不鳴之鐘。春容振聲於雲霄之外。暗見一雙雉。用嘴鳴鐘。一聲大一聲小。大小有節。一聲雌一聲雄。雌雄有序。一宗殺一宗活。殺活有表。正是佛門作法禮樂也。昧爽。老翁更來告曰。我被鳴鐘之力。脫身騰空云云。平明往見。一介金蛇。死于南廡之下。以亡僧例葬之。噫。雉以殺身而報救身之恩。僧以救命而受救命之報。蛇以因僧而捨好生之雉。因雉而脫積劫之苦。一擧三得。物雖不同。曠世一事。故以雉樂名其山。以打鐘聲。布於一國寺刹云。

은적암 산신각 창건기

곡례曲禮 삼천三千[2]을 한마디로 표현하면 '공경하지 아니함이 없는 것'이니 모습도 공손하고 마음도 거경居敬함을 말한다. 정자程子[3]는 말하기를 "마음이 전일하여 다른 곳으로 가지 않는 것이 경敬"이라고 하였다. 나의 뜻으로는 성효誠孝의 마음이 온전하고 전일하며 변하지 않아 마음에서 일어나고 얼굴에 드러나서, 항상 어느 곳이든 공경을 두지 아니함이 없어서, 나의 부모를 공경할 때에 남의 부모도 공경하며, 집안의 귀신을 공경할 때에 바깥 귀신도 공경하는 것이다. 때문에 경이라는 한 글자가 곡례 삼천을 가름한다는 것을 알 수 있다.

임신년 봄에 해남의 수사秀士 김태희金台禧가 가산을 털어, 고을의 주산主山인 금강산의 은적암隱跡庵 약사전藥師殿 주지 월여月如 스님에게 기부하고 산신각을 건립하여, 부모를 위해 살아 계실 때는 복을 빌고 돌아가신 후에는 영가를 천도하며, 자손을 위해서는 위의가 바르고 성대하며 후손이 면면하게 이어질 계책으로 삼았다.

스님이 부촉을 받고 공인工人을 불러, 한식날 비에 시작하여 꽃바람 불어올 때에 마쳐, 하얗게 벽을 바르고 단청을 수놓았다. 해를 따라 제사를 받드는 것이 집안의 귀신과 다를 바 없었다. 이는 어버이를 봉양하는 공경함이 전일하여, 마음에 뿌리박혀 있고 얼굴에 드러나며 온몸에 퍼져서,[4] 사람에게 미치고 귀신에게 이르며, 심지어는 날짐승과 들짐승 온갖 중생 및 이단토괴泥團土塊(진흙 덩어리)와 같은 무정물無情物에게까지 미쳤으니, 어찌 다만 곡례 삼천만 가름한다고 할 것인가. 산신각을 세워 공경을 극진히 하는 것은 효도에 근본 한 것이니, 효를 보고 누가 즐거워하지 않겠는가. 스님은 즐겨 몸으로 일하고, 나는 즐거이 붓으로 일하며, 사람들은 즐겁게 본받고 칭송하니, 산신도 반드시 기쁘게 흠향하고 복을 주리라.

隱跡庵山神閣創建記

禮三千。一言蔽之曰。毋不敬。謂在貌爲恭。在心爲敬。程子曰。主一無適之謂敬。予謂誠孝之心。全一無改。動於心。形於面。無在不在。無日無之。敬我父母時。敬於人之父母。敬我內神時。敬於外神。是以敬之一言。蔽於三千。自可知矣。壬申春。海南秀士金台禧。捐其家財。附於邑之主山金剛山之隱跡庵藥師殿之主月如上人處。建山神閣。以爲爲父母生前祈福。死後薦靈。爲子孫威儀棣棣。瓜瓞綿綿之計。上人受囑。召工人。董役於寒食雨。覆黃於花信風。矱堊雪也。吳彩繡矣。隨年奉祀。無異內神。此乃奉親之敬。主一無適。根於心。睟於面。盎於背。及於人。致於神。乃至飛禽走獸。蠢動含靈。泥團土塊焉。豈但蔽於禮三千哉。建閣致敬。本於孝道。見孝而誰不樂哉。上人樂而形役焉。不佞樂而筆役焉。人或樂而食甚。神必樂而享錫。

화공양기

하늘은 비와 이슬의 은택을 베풀고, 땅은 생성하는 권능을 맡는다. 염제炎帝[5]는 초목을 북돋아 번성하게 하고, 여이女夷[6]는 향기로운 꽃을 맡아 기른다. 『본초本草』[7]가 서술되자 달고 쓴 풀이 이해되었고, 『화보花譜』가 지어지자 향기로운 꽃과 냄새나는 꽃이 나뉘게 되었다. 이로부터 화초의 이름이 더욱 드러나서, 혹은 늙은 몸을 기르기 위해 뜰을 채우고, 혹은 신에게 바치기 위해 언덕에 가득 심어, 세상에 두루 퍼지게 되었다.

해남海南의 수사秀士 이보일李輔逸이 영산홍·해당화·사철나무를 각각 한 그루씩 캐 보내어 당堂 아래에 옮겨 심고, 김명순金明淳이 목단·작약·월계수를 각각 두 그루씩 보내어 섬돌 아래에 옮겨 심으니, 이것이 어찌 꽃 공양이 아니겠는가. 『대일경大日經』에 이르기를 "꽃은 자비로부터 피어나, 괴로움을 제거하고 즐거운 마음을 준다."라고 하였으니 곧 향·꽃·차·밥·등의 다섯 공양 중에 두 번째이다. 『영산재의靈山齋儀』에 이르기를 "엎드려 만행화萬行花를 바치옵니다. 목단·작약·연화가 존귀한지라, 금전을 아끼지 아니하고 사서 용화회龍華會에 바치오니, 바라옵건대 여러 부처님께서는 가련히 여기시어 이 공양을 받아 주소서."라고 하였으니 곧 향·등·꽃·과일·차·밥의 여섯 법공양 중에 세 번째이다.

착하다. 늙은 몸을 길러 신에게 바치고 남은 정성을, 널리 삼보三寶(불·법·승)와 팔부八部[8]의 뜰과 언덕에 미쳐, 사시四時에 공양이 끊이지 아니하고 삼제三際(과거·현재·미래)에 향기가 무궁하니, 그 공덕이 가상하며 복을 헤아릴 수가 없도다. 때문에 기록하여 본받고자 하는 군자들과 장차 거처할 사문들에게 보인다.

기야祇夜[9]를 송하여 이른다.

하늘이 비를 내리고

땅은 생성하였다
『본초』에서 품목을 분별하고
『화보』에 이름을 실었다
언덕에 가득하여 늙은이 봉양하고
뜰에 차서 신께 올린다
정성과 공경이 마음 가득하여
자나 깨나 신령을 보도다
여섯 가지는 『당의唐儀』에 열거되었고
다섯 가지는 불경에 나온다
사시사철 공양하니
다섯 가지 복이 원만하도다
오늘날의 공양을 본받아
미래에도 한없이 경영하라
겁석劫石[10]은 닳아 없어져도
이 꽃은 더욱 향기로우리

정축년(1877, 고종 14) 봄에 금강산방金剛山房에서 쓰다.

花供養記

天施雨露之澤。地掌生成之權。炎帝鞭草木而向榮。女夷司芳花而長養。本草述而甘苦解。花譜作而薰蕕分。自此花草名益著。或養老而充庭。或薦神而滿塢。遍于世也。海南秀士李輔逸。採送映山海棠四季各一株。移栽於堂下。金明淳。採送牧丹芍藥月季各二本。移栽於階除。此豈非以花供養乎。大日經云。花從慈悲生。拔苦與樂。意即香花茶飯燈五供養中第二也。靈山齋儀云。拜獻萬行花。牧丹芍藥蓮花爲尊貴。不惜金錢。買獻龍華會。惟願諸佛哀憫。受此供養。即香燈花果茶飯六法供養中第三也。善哉。養老薦神之餘誠。普及三寶八部之庭塢。四時不絶長供養。三際無窮常氛氳。其功可尙。其福可量。故記示其欲効之君子。將居之沙門。宣秪夜曰。
皇天雨潭。[1] 后土生成。本草辨品。花譜載名。養老滿塢。薦神充庭。虔誠弸中。寤寐見靈。六列唐儀。五出梵經。四時供養。五福圓盈。有効今爲。無限將營。劫石消磨。此花益馨。

丁丑春書金剛山房。

---

1) ㉯ '潭'은 '澤'의 오기인 듯하다.

청해[11] 관음암 산신각 창건기

명산과 승지勝地가 어느 곳인들 없겠는가마는, 신안神眼이 아니라면 분별할 수 없을 것이다. 고려 시대에 혜일 선사慧日禪師가 이곳에 주석하여 도를 증득하는 장소로 삼았으니 이름이 관음굴이다. 굴은 몇 길쯤의 바위 벼랑인데, 관음보살이 우뚝 서고 남쪽을 순행하는 동자(선재동자)와 해상의 용왕이 좌우로 모시고 서 있다. 또 약간 오른쪽 국내局內에 산신이 새긴 글자 획이 바위 면에 희미하게 드러나 있고, 또 약간 오른쪽으로 관음천觀音泉이 있으니, 참으로 하늘이 만든 명승지이다.

낭주朗州(전라남도 영암) 고달호古達湖의 신사信士 김달룡金達龍이 가재家財를 털어 서봉 상인瑞峰上人에게 부촉하여, 정축년 봄에 국내의 산신암山神巖 앞에 산신각을 세우고, 부모의 명복과 자손의 복을 빌었으니, 이는 반드시 혜일 스님의 영령英靈이 묵묵히 신사와 상인上人을 도와서 다시 드러난 것이다. 관음암觀音巖 앞에는 옛날부터 암자가 있었는데 몇 번이나 중수했는지는 알지 못한다. 산신암 앞에 비로소 새 산신각을 세우고 탱화를 안치하니, 신구新舊의 두 건물이 신안神眼으로 점지한 명승의 도량에 우뚝 서게 되었다. 온 경내가 귀의하고 발원하여 구하는 것마다 모두 얻으니 빈 골짜기에 소리가 전해지는 듯하고, 원하는 것마다 다 이루어지니 맑은 연못에 달이 비치는 듯하여, 비로소 "효자의 효도 다함이 없는지라, 영원히 복을 받으리로다."[12]라는 시가 참으로 까닭 있음을 알겠다.

清海觀音庵山神閣創建記

名山勝地。何處無之。若非神眼。不能辨別也。麗朝慧日禪師。卓錫于此地。爲證道之所。名爲觀音窟也。窟可幾仞巖崖。觀音菩薩屹立。南巡童子。海上龍王。左右侍立。又其差右局內山神所刻字畫。微著於巖面。又其差右有觀音泉。儘是天所作之名勝處也。朗州古達湖信士金達龍。捐其家財。囑于

瑞峯上人。以丁丑春。建山神閣於局內山神巖前。爲父母薦福。爲子孫祈
福。是必慧師之英靈。默[1]佑於信士上人。而重發之也。觀音巖前。古有庵。
未知其幾回重修。而山神巖前。始建新閣安幀。新舊兩宇。巋然於神眼所占
名勝之道場。一境之內。皆歸依發願。而有求皆遂。如空谷之傳聲。無願不
從。若澄潭之印月。始知孝子不遺[2]永錫爾類之詩。良有以也。

---

1) ㉡ '默'는 저본의 '黙'을 잘못 옮긴 것이다. 2) ㉡ '遺'는 '匱'의 오기인 듯하다.

옥주[13] 쌍계사 중수기

지령地靈이 막히고 트임에 따라 오늘과 옛날의 군郡이 여러 번 변천하고, 사찰의 운세가 닫히고 열림에 따라 오늘과 옛날의 쌍계사雙溪寺가 번갈아 변하였다. 유학이 왕성하고 불법이 쇠잔하게 되자, 외호外護의 인연이 일어나고, 내수內修의 역사가 다투어 펼쳐졌다. 선후先後의 계원들이 여러 해를 지나며 시종 협력하였고, 신구新舊의 성주城主들이 모연하기 전에 원근 지역에 첩지帖紙를 내렸다. 앞서서는 글을 써서 권유하는 데 정력을 쏟았고, 다니면서는 고을의 집집마다 이야기하는 수고로움을 맡았다.

허許 순찰사와 이李 선생은 중생의 시주를 인도하였고, 금산錦山과 동산東山은 법당의 연화緣化를 경영하였다. 촉산蜀山의 먼 이역에서도 철을 바쳤고, 등림鄧林[14]은 이미 헐벗어졌지만 본부本府에서 벌목을 허여했다. 불佛‧왕王의 양당은 훼손된 것을 곧 보수하고, 첨성실瞻星室은 두 구역으로 늘려 2월 하순에 시작하여 6월 상순에 준공하였다. 수십 년간 경륜하던 일과 4, 5개월 동안의 중요한 일, 크고 작은 정성스러운 도움, 많고 적은 단월의 도움, 노소老小 공장工匠들의 우열과 승속僧俗의 공로 유무는 갑자기 다 말하기 어려운지라, 모두 기문 끝에 열거하여 저 보는 길손으로 하여금 이 성명을 읽을 수 있게 하노라.

沃州雙溪寺重脩記

地靈否泰。郡內與古郡內之屢遷。寺運閉開。雙溪及舊雙溪之迭變。儒林盛旺。祗苑凋殘。外護之緣騰芳。內修之役爭逞。先後契員。始終叶力於經年之久。新舊城主。遠近下帖於募緣之前。坐而筆談。將作勸誘之精力。行而舌話。洞任戶說之勞身。許巡李先。引導衆生之倡皿。錦山東山。經營殿堂之緣化。蜀山云遠。異域貢鐵。鄧林已童。本府許材。佛王兩堂。隨毀脩補。瞻星一室。增衍二區。董役於二月之下旬。竣功於六月之上浣。數十年經綸之事。四五月肯綮之端。大小顧護之殷勤。多寡助合之檀信。老少工匠之優劣。緇白功勞之有無。卒難盡言。都列記末。使彼見客。誦此姓名。

노인성기

「천문지」[15]에 이르기를, "노인성老人星은 남극성南極星이라고도 하는데, 항상 추분 새벽에 병방丙方(정남과 동남 사이)에 나타나서 춘분 저녁에 정방丁方(정남과 서남 사이)으로 사라진다. 추분에 남쪽 교외에서 관측하여 매우 밝으면 임금이 장수하고 천하가 안녕하며, 보이지 않으면 임금은 근심이 있게 되고 전쟁과 흉년이 발생한다."라고 하였다.

경진년(1880, 고종 17) 8월 19일 을묘 추분일 다음 날인 20일 병진일 석양에 무위無爲 사형, 덕암德庵 스님 및 기정奇正 등 4인이 함께 하루의 식량을 지니고 성도암成道庵에 갔다. 삼경三更에 들어가 앉아 허공을 보니 주성主星이 장성張星[16]이었다. 21일 정사 새벽에 큰 별이 완도 서쪽 소완도 동쪽에 뜨는 것을 보았다. 얼마 되지 않아 해가 떠오르자 사라졌다. 시를 지어 노래하였다.

    옛 친구 저녁에 옛 벗의 술 따르는데
    노인들이 새벽에 노인성을 보았도다
    강 마을 불을 때어 추위에도 따스하니
    밤새도록 잠 못 들고 반갑게 마주하네

임오년(1882, 고종 19) 8월 12일 을축이 추분인데, 23일 병인 새벽에 무위사형, 동산東山 상좌 등 3인이 함께 해림령海臨嶺 위에 오르니, 노인성이 완도 서쪽 소완도 동쪽에 떴다. 바로 동쪽에 혜성이 있었는데 희고 붉은 기운이 곧바로 서쪽을 쏘았다. 그 기운 끝에 큰 별 하나가 있어 작은 여러 별들과 서로 다투는 듯하였다. 얼마 후에 해가 오르자 사라졌으니 길흉이 아울러 나타났다 사라진 것이다. 내려와 본소本所로 들어가자 상원암上院庵과 진불암眞佛庵에서 종이 울렸다.

내가 사형께 말하였다. "이 같은 길성吉星을 형의 나이 67세에, 저는 63세가 되어서야 비로소 보게 되었으니, 어찌 이리 늦었는가." 동산東山을 돌아보고 말하였다. "내가 보건대 너는 이르니, 이른 것이 얼마나 다행이며, 늦은 것은 얼마나 불행인가." 사형은 슬퍼하고 상좌는 기뻐하니, 기뻐하면 길성이요, 슬퍼하면 흉성凶星이로다. 올해 추분은 흐려서 길성을 보지 못했으니 하물며 요기妖氣이겠는가.

老人星記

天文志曰。老人一曰南極。常以秋分之旦。見于丙。春分之夕。沒于丁。秋分候之南郊。明大則人主有壽。天下安寧。不見則人主有憂。兵起歲荒。庚辰八月十九日乙卯秋分。二十日丙辰夕陽。同無爲兄師德庵師及奇正四人。持一宿之粮。往成道庵。三更入坐觀虛主張。二十一日丁巳曉頭。見大星浮於莞島西小莞島東。未幾日出隱沒。吟曰。舊友昏傾舊友餠。老人曉得老人星。江村作火寒猶煖。假寢通宵役眼靑。壬午八月十二日乙丑秋分。二十三日丙寅曉頭。同無爲兄師東山上佐三人。上海臨嶺上。老人星浮于莞西小莞東。正東有彗星。白紅氣直射西。其氣端有一大星。與諸小星若相戰。未幾日昇隱沒。吉凶並現並隱。下入本所。鐘鳴於上院眞佛之蘭若。吾向兄師曰。如此吉星。兄年六十七。弟年六十三始見。何其晚也。顧東山曰。以吾觀之。汝則早矣。早何幸矣。晚何不幸耶。兄則悲。佐則喜。喜者。吉星也。悲者。凶星也。今秋分陰。不見吉星。況妖氣耶。

대둔사지 약기

　전라도 해남현海南縣은 도성都城의 숭례문으로부터 1천7리이다. 백제 시대의 이름은 색금塞琴이요, 신라 때에는 침명浸溟이라 하였고, 고려 때엔 해남海南이라고 하였다. 본조 태종太宗대왕 때에 해진海珍이라 이름하였다가 세종世宗대왕 때에 해남이라 하였다. 오늘날의 별명은 당악棠岳인데, 북쪽은 영암靈巖으로부터 80리, 동은 강진康津으로부터 30리, 서는 진도珍島로부터 100리, 남은 제주濟州로부터 970리 떨어져 있다. 또한 동쪽으로 병영兵營에서 60리, 서쪽으로 수영水營에서 60리 떨어져 있다.

　해남 해안문海晏門 남쪽으로 20리 떨어진 곳에 두륜산頭輪山 대둔사가 있는데, 지축地軸에 웅장하게 서려 55리에 걸쳐 자리하여 동쪽을 등지고 서쪽을 향하니 천연의 요새이다. 동쪽은 서기령曙氣嶺, 남쪽은 해림령海臨嶺, 서쪽은 오도령悟道嶺, 북쪽은 구곡수九曲水가 있다. 한 시내가 아홉 굽이를 이루고, 굽이마다 다리를 지어 동구洞口의 입구가 되니, 밖에서 바라보면 그 안에 큰 사찰이 있는 줄 알지 못한다. 두륜과 가련加蓮 두 봉우리가 하늘에 우뚝 솟아 주산主山이 되어 방장산方丈山(지리산), 영주산瀛洲山(한라산)과 서로 백중伯仲이 된다. 산 안쪽에 두 개의 큰 골짜기가 있는데, 왼편은 장춘동長春洞이고 오른편은 금강동金剛洞이다. 두 골짜기가 합치는 곳 중앙에 대둔사가 있는데, 흐르는 배의 형상으로 신라의 고승인 아도阿度[17] 화상이 점지한 곳이다.

　양무제梁武帝[18] 천감天監 13년(514) 신라 법흥왕法興王 15년 갑오년에 아도 화상이 창건하였고, 수隋 대업大業 13년(617) 신라 진평왕眞平王 39년 정축년에 원효元曉 국사가 재건하였다.[19] 당唐 개성開成 원년(836) 신라 희강왕僖康王 병진년에 자장慈藏 법사가 세 번째 중건하였고, 당 의봉儀鳳 원년[20](856) 병자년에 의상義湘 조사가 네 번째 중건하였으며, 당 건부乾符 2년(875) 신라 헌강왕獻康王 원년 을미년에 도선道詵 국사가 다섯 번째로 중건하였다.

신라 말부터 우리 조선 초에 이르기까지의 사적은 고찰할 문헌이 없다. 명明 만력萬曆 31년(1603) 선조대왕 36년 계묘년에 청련靑蓮, 원철圓徹 조사가 병란 후에 다시 건축하였고, 강희康熙 4년(1665, 현종 6) 을사년에 심수心守 비구가 중건하였다.

　우리나라 삼국시대부터 사찰의 크고 아름다움이 동국에 으뜸이요, 산이 성곽처럼 둘러 있어 삼남 지방에 유명하였다. 구곡의 긴 흐름은 무이武夷[21]라 칭해지고, 사방은 탁 트여 진중秦中[22]과 같으니, 우공禹孔의 산천[23]이요 호중壺中의 선계仙界[24]라 함은 이를 일컫는 것이다. 산과 사찰의 형승形勝과 흥쇠興衰는 중관 해안中觀海眼 대사가 지은 『죽미기竹迷記』 1권과 다산茶山 정약용丁若鏞[25]이 지은 『대둔지』 2권에 유전되고 있다.

　또한 표충사表忠祠의 서산西山 대사가 입적할 때에 제자들에게 유촉遺囑하여 말하였다. "내가 입적한 후에 의발을 호남도 해남현 두륜산 대둔사에 전하고, 기일에 재를 받들어 한편으로 만고에 충성의 공을 잇게 하고, 또한 천추에 빛나는 자취를 보존하라." 제자들이 엎드려 말하였다. "문도가 거의 천여 명에 이르고, 또 금강산과 묘향산이 나라 안의 으뜸가는 명승지인데, 어찌하여 두륜산에 전하라 하십니까." 대사가 이르시기를, "너희는 어찌 나의 뜻을 모르는가. 두륜산은 비록 바다 모퉁이에 치우쳐 있어 명산은 아니나, 세 가지 귀중히 여기는 것이 있다. 첫째는 기이한 화초가 아름다운 풍경을 이루고, 옷감과 곡식이 항상 없어지지 않으니, 내가 보건대 두륜산은 항구 불변의 지역이다. 북쪽에는 월출산月出山이 하늘을 지탱하고, 남쪽에는 달마산達摩山이 지축에 서려 있으며, 동쪽의 천관산天冠山과 서쪽의 선은산仙隱山이 우뚝 마주하여, 바다와 산이 호위하고 골짜기가 깊고 그윽하니, 이는 만세토록 훼손되지 않을 곳이다. 둘째는 왕의 교화가 천리에 떨어져 있어 유사시에 미치지 못하니, 하늘 아래에 임금의 땅이 아님이 없는데도 나라에 대한 충성을 일으키기 어렵다. 나의 공적은 비록 칭할 것이 없으나, 성주聖主의 깊은 은혜를 이것에 의지하여 보고 느

낀다면, 후세에 어찌 풍성風聲(교화와 명성)을 세워 어리석고 미혹된 풍속을 깨우칠 수 없을 것인가. 셋째는 처영處英과 여러 제자가 모두 남방에 있고, 내가 처음 출가할 때에 서로 더불어 두류산頭流山에서 법을 들었으니, 이곳은 종통宗統이 귀속되는 곳이라 도리어 중요하지 않겠는가. 이 세 가지 절목節目으로 나의 뜻이 이미 정해졌으니, 너희들은 나의 유촉을 따라 의발과 주상主上이 하사하신 대선사大禪師의 교지敎旨를 두륜산으로 옮겨 소장하라."라고 하시니 이는 『보장록寶藏錄』 1권에 기재되어 있다.

건륭乾隆 53년(1788) 무신년 우리 정종대왕 12년에 사당을 명하여 세우고, 두륜산은 표충表忠이라 사액賜額[26]하고 묘향산妙香山은 수충酬忠이라 하여 사명泗溟 대사와 뇌묵雷黙 선사를 좌우로 배향하였다. 7년 지난 갑인년(1794, 정조 18)에 어제御製 서산 대사의 화상畫像과 당명堂銘을 본원本院에 내리시니, 문장이 빛나고 문채가 아름다워 산문山門 만세의 보배가 되었다. 관청에서 제수 품목을 지급하고 복호復戶(세금이 면제된 토지) 5결, 보솔保率(딸린 노비) 30명이 2월과 8월의 중정中丁일(중순의 정일丁日)에 제향을 행하였다.

동치同治 11년[27] 신미년(1871, 고종 8)에 복호와 보솔을 환수하자 부득이 절에서 한식과 중구일重九日에 다례만을 행했다. 또 절은 비변사備邊司의 송금산松禁山[28]이요, 내궁內宮에는 동백기름을 진상하니, 산은 나라를 위해 축원하는 당상堂上 대가람이 되었다. 정해년(1887, 고종 24) 봄에 복을 비는 산제당山祭堂을 신축하고 해마다 한 번 축원하였다. 산의 그윽함과 절의 장엄은 정다산丁茶山의 「산성론山城論」 1편과 이송파李松坡 희풍喜豊의 「산성론」 1편에 자세하게 기재되어 있다. 또 제주와 서로 바라보는 곳이라, 목사牧使와 판관判官, 대정大靜현감과 정의旌義현감의 네 별성別星(봉명사신奉命使臣)이 입숙하여 부처님께 공양하고 배에 오르는 요로이다.

사찰 안에는 팔도 명승의 비원碑院이 있어 모두 51탑 16비로 사람의 이목을 놀라게 하고 고금에 빛나니, 바로 장계곡張磎谷의 서산대사비西山大

師碑, 김우형金宇亨의 풍담의심비楓潭義諶碑, 이덕수李德壽의 월저도안月渚道安・설암추붕비雪巖秋鵬碑, 홍계희洪啓禧의 환성지안喚惺志安・호암체정비虎巖體淨碑, 번암樊庵 채제공蔡濟恭의 상월새봉비霜月璽篈碑, 김상복金相福의 함월해원비涵月海源碑, 이충익李忠翊의 연담유일비蓮潭有一碑, 채희암蔡希庵의 대둔사사적비大芚寺事蹟碑, 열수洌水 정약용丁若鏞의 연파혜장비蓮坡慧藏碑, 서유린徐有麟의 표충사비表忠祠碑, 이재彝齋 권돈인權敦仁의 완호윤우비玩虎尹祐碑, 남병철南秉哲의 철선혜즙비鐵船惠楫碑 등이다. 침계루枕溪樓가 있어 소인騷人의 제영題咏이 문미와 동량에 이어져 있으니, 바로 백호白湖 임제林悌, 석천石川 임억령林億齡, 옥봉玉峯 백광훈白光勳, 청음淸陰 김상헌金尙憲, 이천梨川 이홍주李弘冑, 천연天然 이석보李奭輔, 고산孤山 윤선도尹善道, 송호松湖 백진남白振南, 낙서駱西 윤덕희尹德熙, 열수 정약용, 문암門巖 민철호閔哲鎬, 유산酉山 정학연丁學淵, 백파白坡 신헌구申獻求, 청전靑田 이학래李學來 등의 시이다.

大芚寺志畧記

全羅道海南縣。自都城崇禮門一千七里。百濟時名塞琴。新羅時名浸溟。高麗時名海南。本朝太宗大王時名海珍。世宗大王時名海南。今之別名棠岳。北距靈巖八十里。東距康津三十里。西距珍島一百里。南距濟州九百七十里。又東距兵營六十里。西距水營六十里。自海南海晏門南距二十里。有頭輪山大芚寺。雄盤地軸。盤據五十五里。背東向西。天作金成。東有曙氣嶺。南有海臨嶺。西有悟道嶺。北有九曲水。一水成九曲溪。曲曲成橋。作洞口路。在外望之。不知其內有大刹也。有頭輪加蓮兩峯。挿天爲主山。方丈瀛洲。相爲伯仲也。山內有兩大洞。左長春洞。右金剛洞。兩洞合谷。中央有大芚寺。乃行舟形也。即新羅高僧阿度和尙之所占也。梁武帝天監十三年。新羅法興王十五年甲午。阿度和尙初創。隋大業十三年羅眞平王三十九年丁丑。元曉國師再建。唐開成元年。羅僖康王丙辰。慈藏法師三建。唐儀鳳元年丙子。義湘祖師四建。唐乾符二年。羅獻康王元年乙未。道詵國師五建。
自新羅末。迄于我朝初。事蹟無文可考。明萬曆三十一年。宣祖大王三十六
年癸卯。靑蓮圓徹祖師。兵亂後更建。康熙四年乙巳。心守比丘更建。自三
韓三國以來。寺刹之巨麗甲於東國。山郭之周匝。名於三南。九曲長流。人
稱武夷。四門高闢。便同秦中。藕孔山川。壺中乾坤。此之謂也。寺山形勝興
衰。中觀海眼大師所作竹迷記一卷。丁茶山若鏞所作大芚志二卷流傳。且
有表忠祠西山大師入寂時。遺囑弟子等曰。今我入寂之後。衣鉢傳于湖南
道海南縣頭輪山大芚寺。因令奉齋忌日。一以繼萬古忠勤之功。一以存千
秋效赫之蹟。弟子等俯伏曰。門徒將至千餘。又此金剛妙香。擅勝邦內。何
故傳於頭輪哉。師曰爾等。豈不識俺意之所在乎。頭輪僻在海隅。雖非名
山。俺有三節爲可重者。一則奇花異草。片時光景。布帛菽粟。亘久不泯。我
觀頭輪。即是亘長之區。北有月出。撑極天柱。南有達摩。盤結地軸。東之天
冠。西之仙隱。屹然相對。海岳衛護。洞府深邃。此則萬萬歲不毀之地也。一
則王化千里。緩急未暨。普天之下。莫非王土。向國忠誠。難以興起。俺之
功績。雖無可稱。聖主深恩。憑此觀感。則後世豈無表樹風聲以警愚迷之俗
也。一則處英及諸弟子。皆在南方。即我出家之初。相與聞法於頭流。此乃
宗統所歸。顧不重歟。以此三節。俺意已定。爾等遵我遺囑。送我衣鉢及主
上所賜大禪師教旨。移藏於頭輪山中云云。此載寶藏錄一卷。乾隆五十三
年戊申。我正宗大王十二年。爰命立祠。賜額頭輪曰表忠。香山曰酬忠。泗
溟雷默。左右膴享。越七年甲寅。御製西山大師畫像堂銘。降于本院。宸藻
煒煌。繡帨璀璨。爲山門萬世之寶。自官劃給祭需。復戶五結保率三十名。
二八中丁行享矣。同治十一年辛未。還收復戶保率。不得已。自寺中寒食
重九茶禮而已。且寺係備邊司松禁山。內宮柏油進上。山爲國祝釐堂上大
伽藍。丁亥春。新建祝釐山祭堂。歲一爲祝。山之幽閟。寺之嚴莊。備載於
丁茶山山城論一篇。李松坡喜豊山城論一篇詳矣。且濟州相望之地。牧使
判官大靜旌義。四別星入宿。供佛乘船之要路也。寺內有八道名僧碑院。凡

五十一塔。十六碑。皆可驚人眼目。騰輝古今。乃張磩谷作西山大師碑。金宇亨楓潭義諶碑。李德壽月渚道安雪巖秋鵬碑。洪啓禧喚惺志安虎巖體淨碑。蔡樊庵濟恭霜月璽苟碑。金相福涵月海源碑。李忠翊蓮潭有一碑。蔡希庵大芚寺事蹟碑。丁洌水若鏞蓮坡慧藏碑。徐有麟表忠祠碑。權彝齋敦仁玩虎尹祐碑。南秉哲鐵船惠楫碑也。有枕溪樓騷人之題咏。連楣壓棟。乃白湖林悌。石川林億齡。玉峯白光勳。淸陰金尙憲。梨川李弘胄。天然李奭輔。孤山尹善道。松湖白振南。駱西尹德熙。洌水丁若鏞。門巖閔哲鎬。酉山丁學淵。白坡申獻求。靑田李鶴來詩也。

수보살계첩 발

운법雲法 상인은 해남 산일도山一道 산수리山水里 사람이다. 성은 김씨, 본관은 도강道康이며 선호禪號는 설우雪藕이다. 아버지는 추광秋光이요 어머니는 밀양 박씨로서 도광道光 10년(1830, 순조 30) 경인년생이다. 13세에 영암 월출산 도갑사로 출가하여 침송枕松 스님의 장실丈室에서 삭발하고 침월枕月 스님의 단에서 수계하여 나를 따라 유학遊學한 지가 전후로 서너 번이었다. 동치同治 갑자 을축년(1864~1865) 사이에 10명의 개사開士와 함께 두륜산 진불암 불상 앞에서 대승보살계를 받고 인하여 계첩을 받아 보살의 지위와 같게 되어 비구라 칭하게 되었다.

아, 타고난 성품이 온아하며 행동거지가 바르고 조용하니 한 번 보고도 도가 높은 스님임을 알 수 있다. 한 가지 행실이나 작은 게송이라도 들으면 반드시 끌어 훈계로 삼아, 자장子張이 띠에 쓴다든지[29] 남용南容이 백규白圭의 시를 세 번 읊는 것[30]과 다름이 없었다.

이 때문에 계첩으로 기연機緣을 보이고 종맥宗脈과 선파禪波를 나타내 보여, 한편으로 동방의 선림에 거처하여 허주虛舟(조선 후기 스님) 문하門下의 여러 노고추老古錐(뛰어난 고참 스님)의 법석에서 질의케 하고, 한편으론 서방의 연대蓮臺에 가기 위하여 대은大隱(조선 후기 스님)과 금담金潭(조선 후기 스님)의 여러 노파자老婆子의 공안公案[31]을 증득하여 깨치게 하니, 은홍교殷洪喬처럼 부침浮沈하게[32] 하지 말고 무휼無恤같이 깊이 품에 간직할지어다.[33]

受菩薩戒牒跋
沄上人。海南山一道山水里人也。姓金氏。貫道康。雪藕其禪號也。父秋光。母密陽朴氏。道光十年庚寅生。十三出家于靈巖月出山道岬寺。枕松師室剃染。枕月師壇受戒。從不佞而遊者。前後三四度。同治甲乙之間。與十開士。受大乘菩薩戒於頭輪山眞佛庵佛像前。因受戒牒。位同菩薩。名稱比丘。噫。賦性溫雅。進止閒靖。一見可知其有道之人也。聞隻行半偈。必引爲戒。與子張書紳。南容圭復。小無上下者也。是以牒以示機緣。示宗脉禪派。一以爲居東方禪林。質疑於虛舟化門諸老古錐之欄柄。一以爲往西方蓮臺。證悟於大隱金潭諸老婆子之公案。莫作洪喬之沈。深藏無恤之懷。

『사십이장경평과』 발문

이 경의 명칭은 『사십이장경』인데 매 장章의 첫머리에 '불언佛言' 두 글자를 두었다. 혹 '불언' 두 글자가 없는 장이 있어 사람들이 의심하였으나, 예컨대 13·14·15장은 문답이기 때문에 답한 곳에 '불언' 두 글자가 있다. 제27장은 '불언' 두 글자가 빠졌다. 제34장의 사문운운沙門云云과 제38장의 불문운운佛問云云은 모두 문답이기 때문에 아래에 '불언' 두 글자가 있다.[34] 이와 같이 평론하고 과판科判하나 안목 높은 대인은 반드시 백안白眼으로 보리라.

四十二章經評科跋

此經名則四十二章。而每章初。皆安佛言二字。或有無佛言章。人皆疑之。如第十三四五三章問答也。故答處有佛言。第二十七章。佛言二字落。第三十四章沙門云云。及第三十八章佛問云云。并皆是問答。故下有佛言。故如是評論而科判。若高眼大人。必以白眼觀之。

천불 조성 약기

가경嘉慶 16년(1811, 순조 11) 신미년 2월 실화失火로 지장전地藏殿·팔해당八解堂·용화전龍華殿·적조당寂照堂·천불전千佛殿·대장전大藏殿·약사전藥師殿·가허루駕虛樓가 하룻밤 사이에 다 불에 타서, 본사의 완호玩虎 대사가 스스로 화주가 되어 차례로 세웠다. 정축년(1817, 순조 17)에 상경하여 주선하고 경주 기림사祇林寺로 내려가서 8월 7일에 처음으로 신중단에 마지摩旨[35]를 올리고 비로소 화원畵員을 임명하니 경산京山의 화원이 여덟 명이었다. 비로소 불사를 시작하여 거의 석 달에 이르렀는데 그 사이에 상서로운 빛이 나타난 것이 세 번이었다. 10월 18일 첫 번째로 삼백삼십삼불을 점안點眼하니 경산의 화원이 아홉 명이었다. 19일 두 번째로 삼백삼십삼불을 점안하니 영남의 화원이 스물네 명이었다. 20일 세 번째로 삼백삼십삼불을 점안하니 전라도의 화원이 열한 명이었다.

11월 16일 배로 부처님을 모셨는데, 700위는 큰 배에 300위는 작은 배에 실었다. 4, 5일 바람을 기다려 21일에 배를 놓았으나, 동래東萊 오륙도에 이르러 큰 바람을 만나 작은 배는 해안가를 따라 되돌아오고, 큰 배는 표류하여 일본국 장기도長崎島 축전주竺前洲까지 갔으니 바로 11월 29일이었다.

무인년(1818, 순조 18) 6월 17일에 일본에서 배를 출발하여 27일에 동래 부산진 앞바다에 정박하자 동래 부사가 정황을 물었다. 7월 5일 밤에 출발하여 6일에 내관萊館을 지나고 10일에는 통영統營을 지났다. 13일에 출발하여 장흥 향일도에 도착하고 14일에는 완도 원동院洞 대진강大津江에 도착하였다. 15일에 절에 올라 8월 15일 천불의 존상尊相을 봉안하였다. 일본으로 표류한 부처님은 어깨 위에 '일日' 자를 써서 후인들에게 보였다.

千佛造成畧記

嘉慶十六年辛未二月失火。地藏殿八解堂龍華殿寂照堂千佛殿大藏殿藥師殿駕虛樓。一夜燒燼。本寺玩虎大士自作化主。以次起立。丁丑上京周旋。下慶州秪林寺。八月初七日初。神衆摩旨。始作畫員。則京山畫員八名也。始作佛事。幾至三朔。而其間放光瑞氣者。三巡也。十月十八日。第一會三百三十三佛點眼。京山畫員九人也。十九日第二會三百三十三佛點眼。嶺南畫員二十四人。二十日第三會三百三十三佛點眼。全羅畫員十一人。十一月十六日侍佛於船頭。七百位載大船。三百位載小船。四五日待風。二十一日放船 至東萊五六島。遇大風。小船沿邊還到。大船漂至日本國長崎島竺前洲。乃十一月二十九日也。戊寅六月十七日。自日本發船。二十七日。來泊東萊釜山鎭前洋。東萊府問情。七月初五日夜發船。六日過萊館。十日過統營。十三日發船到長興向日島。十四日莞島院洞大津江中。十五日上寺。八月十五日奉安千佛尊相。日本漂流之佛。肩上書日字以示來者。

다약설

 백 가지 약이 비록 좋다 하더라도 알지 못하면 쓰지 못한다. 온갖 병이 괴로움이 되니 치료하지 않으면 살지 못한다. 치료하지 않으면 살지 못할 즈음에 치료하여 살리는 방법이 있고, 알지 못해 쓰지 못하는 가운데 알고 쓰는 오묘함이 있다. 사람이 느끼고 하늘이 감응하지 않는다면 약과 병을 어찌할 수 없는 것이다.

 임자년(1852, 철종 3) 가을 내가 남암南庵에 거주할 때에 이질 때문에 사지가 힘이 없어 삼시三時를 잊어, 열흘, 한 달이 지나니 스스로 반드시 죽을 것을 알았다. 어느 날 함께 입실한 무위無爲 사형이 어버이를 모시다가 돌아오고, 선참禪懺을 같이한 부인富仁 사제가 스승을 모시다 돌아와서, 머리를 들어서 좌우로 움직여 보니, 삼태三台[36]가 제자리를 나누어 잡으니 반드시 살게 될 것을 알았다. 이윽고 사형이 말하기를, "내가 냉차로 어머니가 위태로울 때 구하였으니 급히 달여서 쓰라."라고 하고 사제가 말하기를, "내가 차 싹을 소장하여 뜻밖의 수요에 대비하였는데 어찌 쓰기 어렵겠는가."라고 하였다. 그 말대로 달여서 사용하니 한 사발에 배와 가슴이 조금 편안해지고 두 사발에 정신이 상쾌해지며 서너 사발에 온몸에 땀이 흐르고 맑은 기운이 뼈에 스며서 깨끗이 나으니 본래 병이 들지 않은 것 같았다. 이로부터 음식이 점차 나아지고 거동이 날로 좋아져서 6월에 이르러 70리 떨어진 본가本家로 어머님의 기일 제사에 가서 참여하였으니, 때는 청淸 함풍咸豊 2년 임자년(1852, 철종 3) 7월 26일이었다. 듣는 자가 놀라고 보는 자는 지적하였다.

 아, 차는 땅에 있고 사람은 하늘에 있으니 천지가 감응한 것인가, 약은 형에게 있고 병은 동생에게 있었으니 형제가 감응한 것인가, 어찌 효험의 신통함이 이와 같은고. 차로 어머니를 구하고 아우를 살렸으니 효제의 도리를 다하였도다. 슬프다, 병이 매우 중하지 않았다면 어찌 반드시 죽을 줄 알았겠으며, 정이 두텁지 않았다면 어찌 꼭 살 줄 알았겠는가. 그 평생의 정분이 어떠한 줄 알리로다. 이를 기록하여 훗날에 구할 수 있는 방법이 있는데도 구하지 않는 무리에게 보이는 바이다.

茶藥說

百藥雖良。不知不用。百病爲苦。不救不生。不救不生之際。有救之生之之術。不知不用之中。有知之用之之妙。非人感之天應之。藥與病爲無可奈何也。予壬子秋。住南庵。以痢疾。委四支。忘三時。奄及旬朔。自知其必死矣。一日同入室號無爲兄。自侍親而來。與同禪懺名富仁弟。自侍師而至。舉首左右。三台分位。自知其必生矣。俄爾兄曰。我以冷茶救母幾危之際。急煎用之。弟曰我藏芽茶。以待不時之需。何難用之。如言煎之。如言用之。一椀腹心小安。二椀精神爽塏。三四椀渾身流汗。淸風吹骨。快然若未始有病者矣。由是食飮漸進。振作日勝。直至六月。往黎母氏忌祭於七十里本家。時乃淸咸豐二年壬子七月二十六日也。聞者驚之。見者指之。吁。茶在地。人在天。天地應歟。藥在兄。病在弟。兄弟感歟。何神效之如此。以茶救母。以茶活弟。孝悌之道盡矣。傷心哉。病不甚重。何知必死。情不甚厚。何知必生哉。可知其平生情分之如何。而記示其後來有可救之道而不可救之流。

까치가 논에 둥지를 튼 데 대한 해설

나는 임자년(1852, 철종 3) 가을에 『좌전左傳』을 빌리기 위하여 송정松汀 이 선생의 집에 가서 인사말을 나누고 앉았다. 때가 한창 큰 가뭄이 들어 높고 낮은 곳이 온통 가련하였다. 선생이 말하였다. "심한 가뭄이 이와 같아서, 집안에 한 섬의 저축도 없고 들엔 조금도 푸른빛이 없으니, 가족의 살길이 전혀 꾀가 없어 노년의 형편이 실로 감당할 수 없는데, 스님은 이러한 근심이 없는가." 나는 말하기를 "산승의 생활도 전적으로 농부에게 의지합니다. 게다가 농사는 근본이라 근본이 없이 자립한다는 것은 듣지 못했습니다."라고 하니 선생이 "그렇다."라고 대답했다.

이윽고 선생이 말하였다. "봄에 옥천玉泉에 가서 한 재각齋閣에서 모여 노는데 한 농부가 보습을 메고 소를 끌며 지나가며 말하기를, '나는 여기서 나고 자랐는데 처음으로 이상한 일을 보았습니다.'라고 하니 '어떤 일인가.'라고 물었다. 농부가 말하기를, '들에서 경작하는데 한 쌍의 새끼 가진 까치가 논머리에 둥지를 틀었는데 완연히 숲속의 둥지와 같았습니다.'라고 하였다. 자리에 있는 사람들이 모두 의아하여 혹은 바람이 불 징조라 하고 혹은 비 올 징조라 하기도 하여, 서로 옳다고 여겨 시끄러움이 그치지 않았다. 내가 말하기를 '가뭄의 조짐이다.'라고 하니, '어찌 아느냐'고 물었다. 내가 말하기를 '까치는 본디 날짐승이라 높은 곳을 좋아하고 낮은 곳을 좋아하지 않으며, 더욱이 습기를 좋아하지 않는데, 논에 둥지를 튼 것은 반드시 가뭄이 들어 물이 없을 징조이다.'라고 하니, 한참을 생각하다 그렇다고 하기도 하고 그렇지 않다고 하기도 하여 서로 웃고 헤어졌다. 오늘에 와서 보면 전날의 예언이 딱 들어맞았다." 내가 말하였다. "선생이 사물에 부딪혀 이치를 풀어 헤친 것은 영분靈氛의 정전筵篿[37]과 요부堯夫의 시귀蓍龜[38]라도 충분히 자웅을 겨룰 수 있겠습니다." 선생이 빙그레 웃었다.

鵲巢水田說

予壬子秋。爲借左傳。往松汀李先生家塾。叙寒暄而坐。時方大旱。高低盡可憐。先生曰。亢旱如此。家無儋石之貯。野無尺寸之靑。百口生道。萬無一策。老景之實不可堪。山人能無此患耶。曰山夫之生活。全依農人。况農者本也。無本而立者。未之聞也。曰然。良久。先生曰。春間往至玉泉。聚遊一齋。有一農夫。荷耟牽牛而過曰。予生斯長斯。初見異物。曰何物。曰耕於野。一雙乳鵲。巢於水田頭。完若林藪之巢。坐中皆疑。或曰風兆。或曰雨兆。互相自是。喧囂不已。我曰旱兆。何知耶。曰鵲本飛物。好高而不好低。尤不好濕氣。而巢於水田者。必是旱而無水之兆也。佇思移時。或然或不然。相笑而散。以今日觀之。前日之口占。若合符契。曰先生之觸物解理。雖靈氛筳篿。堯夫著龜。足可上下者也。先生莞爾而笑。

능견난사변

조계산 송광사에 다섯 겹으로 합쳐진 유기鍮器가 있는데, 세상에서 전하기를 보조普照국사³⁹ 때에 국왕이 보물로 하사하였다고 하니, 이는 곧 부처님께 공양하고 재를 올릴 때에 쓰는 것이다. 그 모양이 너비가 네댓 치요, 높이는 한 치, 두께는 서너 푼이다. 매우 가볍고 발이 없어 다섯 개가 겹쳐 합해지는데, 바깥 것이 안으로 들어가되 크지 않고, 안쪽 것이 바깥에 합쳐지되 작지 않아서 대소의 구분이 없고, 안팎이 정해지지 않아서 형제인 듯하면서 형제가 아니고, 크고 작은 듯하면서 크고 작지 않아, 매우 보기 어렵고 드문 물건이다. 당시 사람들이 모두 보고 찬탄하여 말하기를 '능견난사能見難思'⁴⁰라고 불렀으니 실은 작은 유기 쟁반이다.

能見難思辦¹⁾

曹溪山松廣寺。有五合鍮器。世傳普照國師時。自國王以寶物賜之。此即供佛設齋時所用者也。其爲形。廣四五。寸高一寸。厚三四分。甚輕無蹄。五介合疊。外者納於內而非大。內者合於外而非小。大小不分。內外未定。若兄弟而非兄弟。若大小而非大小。甚難稀有之物也。一時人見而贊之曰。能見難思。實則小鍮盤也。

---
1) 逸 '辦'은 '辨'의 오기인 듯하다.

아육왕탑변

『죽미기竹迷記』에 기재된 아육왕阿育王[41]탑은 이미 뚜렷이 위치를 지적하지 않았고, 『만일암지挽日庵志』에 또한 기재되었는데, 뜰 안의 것을 가리킨다. 다산이 쓴 「만일암기문」에 이르기를 "이는 신라 시대 아신阿辛의 잘못이다."라고 하였다가 그 후에 다시 쓰기를 "잘 살피지 못하여 부끄럽다."라고 하였다. 남미륵암南彌勒庵 앞 진남대鎭南臺 아래에 왼쪽에는 미륵상이 있고, 오른쪽은 돌이 많아 탑의 형상과 같아, 사람들이 모두 말하기를 '아육왕탑인데 자암慈庵 장로에 이르러서 보고 예배하였다'고 하였다.

『아육경阿育經』에 이르기를 "왕이 8만 4천의 궁인을 죽이고 또 살육을 행하자 야사耶舍 비구[42]가 보고 왕을 교화하니 왕이 곧 믿고 깨닫게 되었다. 왕이 말하기를 '이 죄를 어떻게 씻을 수 있겠습니까?'라고 물으니 비구가 말하였다. '사람마다 위하여 각각 탑 하나씩을 세워 사리를 봉안한다면 마땅히 죄를 벗을 수 있습니다.' 왕이 말하기를 '어느 곳에 탑을 세워야 합니까?'라고 하니, 비구가 말하기를 '곧 신통력을 써 왼손으로 해를 가리면 8만 4천의 빛으로 나뉘어 염부제閻浮提[43]를 두루 비출 것이니 빛이 비치는 곳은 모두 탑을 세울 수 있습니다.'라고 하였다. 왕이 여러 귀신들에게 머무는 곳마다 각각 탑 하나씩을 세우라 명령하니 하루만에 8만 4천의 탑을 이루게 되었다."라고 하였다. 옛사람이 송하였다.

　　아육왕이 언덕 지은 공 얕지 않으니
　　중생이 이를 받들면 복이 한없으리라

그런즉 이 탑은 8만 4천 탑 가운데 하나로서, 아육왕 자신의 진신탑을 일컫는 것이 아니요, 아육왕이 건립한 여래의 사리탑을 말한다. 또한 만일암의 뜰 가운데 것이 아니고, 남미륵전 진남대 오른쪽에 있는 것이 맞다.

阿育王塔辨

竹迷記載阿育王塔。旣不的指。挽日庵志亦載。指其庭中者。茶山題挽日庵記曰。此新羅阿辛之誤也。厥後更題曰不察之愧。南彌勒庵前鎭南臺下。左有彌勒像。右有石多物若塔形。人皆曰阿育王塔。至若慈庵長老。見則禮拜。阿育經云。王殺八萬四千宮人。又行誅戮。耶舍比丘見而化王。王即信悟。此罪何贖。比丘曰。各爲人起一塔。下著舍利。當脫罪耳。曰何處起塔。比丘曰。即以神力。左手掩日光。作八萬四千道。散照閻浮提。所照之處。皆可起塔。王勅諸鬼神於所住之處。各起一塔。如是一日成八萬四千塔。古人頌曰。育王作丘功非淺。衆生奉此福無涯。然則八萬四千中之一也。非謂阿育王之身塔也。謂阿育王之所建如來舍利塔也。挽日庭中者。非也。南彌勒臺右者。是也。

곡직변

학인이 처음 강석講席에 유학할 때는 모습이 사랑스럽고 말하고 웃는 것이 어여뻐서, 이 때문에 추위와 더위, 굶주림과 곤궁함을 잊고 가르치고 인도하여 성공을 기약한다. 마음이 곧은 자는 교화하기 쉽고 굽은 자는 어려운데, 곧은 자와 굽은 자가 한 무리에 섞여 있어 그 마음을 알기가 어렵다. 간사한 꾀를 지어 스승을 속이고 친구와 결탁하며, 희로喜怒가 무상하고 행동이 종잡을 수 없으며, 하루 독경하면 이틀을 쉬어 동서로 오고 가며, 곧은 자를 거만한 놈이라 지칭하고 부지런한 이를 외도라 욕하는 자는 마음이 굽은 자이다.

그러나 곡직에도 도가 있으니, 태공의 곧은 낚싯바늘[44]은 물고기에게까지 사랑이 미쳤고, 길손의 곡돌曲埃[45]은 소고기와 술을 허비하지 않았으며, 난정蘭亭의 곡수연曲水宴[46]은 시인의 우아한 흥취이니, 이 곡직은 모두 바른 것이다. 진시황의 직도直道[47]는 원성이 하늘에 닿았고, 섭공葉公이 물었던 정직한 사람[48]은 아버지가 양을 훔쳤다는 악행을 드러나게 하였으며, 심도자心都子가 물었던 기로에서 양을 잃었던 일[49]은 분별할수록 의혹만 더욱 심할 뿐이니, 이 곡직은 그릇된 것이다. 곡曲 자가 직直에 붙으면 곧고, 직直 자가 곡曲에 붙으면 그릇되는 법이다.

비유하자면 여러 가지 나무가 한 숲에 무성하게 자라서 위로는 하늘의 해를 가리고 아래로는 땅에 서린 것과 같다. 봄에는 꽃이 산을 비추고 여름에는 잎이 허공에 나부끼며 가을에는 황금색을 뽐내고 겨울에는 흰 눈으로 덮인다. 그중에 곧은 나무와 굽은 나무가 나란히 서서 가지런히 뻗어 있다. 장인이 큰 집을 지으려고 도끼를 잡아 목재를 취하는데, 곧은 것은 도끼나 먹줄을 쓰지 않지만, 굽은 것은 도끼·먹줄·규구規矩·자를 아울러 써서 칼날이 상하고 힘이 든 연후에야 곧은 나무와 유사하게 되어, 들보·기둥·서까래 등 그 재목에 따라 집이 이루어지게 된다. 주인이 술과 고기로 위로하면 장인은 솜씨가 졸렬하다고 겸손해한다. 오래지 않아 종전에 굽은 나무는 본디 중심이 곧지 않았기 때문에 도로 휘어져서 기울게 되고, 곧은 나무도 스스로 지탱하지 못하고 그 굽은 것을 따라 기울게 되어, 백금百金의 건물을 하루아침에 잃게 된다. 주인은 나무의 곡직을 알지 못하여 장인에게 원망을 돌리나, 장인인들 굽은 나무에 대해 어찌할 것인가. 산승이 학인을 가르치는 것도 또한 이와 같다.

오호라, 장인이 그 굽은 것을 알고도 버리지 못한 것은 곧은 나무가 적기 때문에 부득이해서 쓴 것이요, 학인을 훈도할 때 그 굽은 것을 알고도 거절하지 않은 것은 곧은 사람이 적어 부득이해서 받아들인 것이다. 장인과 스승은 노고는 같지만 가는 길은 같지 않다. 어느 날에 한자리에 앉아 한잔 술을 권하면서 웃으며 피차의 시름을 깨뜨려 볼까.

曲直辨

學人之初遊於講肆也。眉目可愛。言笑堪憐。以故頓忘寒暑飢困。而敎導之。期於成功。心直者易化。心曲者難化。曲者直者。雜於一隊。不知其心。而倡謀設奸。欺師要朋。半喜半怒。似飛似走。一日讀而二日休。東行去而西行來。指直爲慢漢。辱勤爲外道者。心曲者也。然曲直有道。太公之直鉤。仁及魚鱉。客人之曲埈。不費牛酒。蘭亭之曲水。詩人雅興。此曲直皆直也。始皇之直道。怨聲徹天。葉公之問。攘羊之直躬。彰父隱惡。心都子之問。亡羊之曲岐辯。疑惑愈甚。此曲直皆曲也。曲字附於直則直。直字附於曲則曲。譬如衆木。生於一林。密密長大。上蔽天日。下盤地理。春花映山。夏葉搖空。秋弄黃金。冬佩白玉。其中有直者曲者。叅立齊平。匠人欲搆大廈。荷斧而取之。直者。不加斥[1]斧繩墨。而曲者。斤斧繩墨。規矩尋引。並用而刃缺力疲。然後彷彿於向之直者。而棟樑柱梲。任其材而成宮。主者以酒肉勞之。匠人以拙工謙之。未幾向之曲者。本心不直故。還曲而傾之。直者不可自支。隨其曲者而傾之。百金之物。一朝失之。主者不知木心之曲直。歸怨於匠人。匠人之於曲者奈何。山家講人。亦復如是。嗚呼。匠人之知其曲而不棄者。直木小故。不得已而用之。講人之亦知其曲而不拒者。直人小故。不得已而納之。匠人講人。勞苦惟均。而道則不同。何日一席並坐。一盃相勸而笑破此愁城耶。

---

1) ㉮ '斥'은 '斤'의 오자이다. 『韓國佛敎全書』의 원주에는 이와 반대로 설명되어 있어 바로잡는다.

축맹치설

곡성 동리산桐裏山 태안사泰安寺는 혜철慧徹 국사의 도량이다. 세속에서 전하기를 "절을 창건할 때는 이곳이 온 고을의 모기가 모두 모이는 곳이었다. 국사께서 신통력으로 쫓으니 산의 오른쪽 고개를 넘어 날아갔다. 인하여 절을 세우니 그 후엔 한 마리의 모기도 없어 그 고개를 축맹치라고 하였다."라고 한다. 또 국사의 비와 부도가 절 안에 있어 대대로 엄하게 지켜 왔다.

함풍咸豊 갑인년(1854, 철종 5)과 을묘년(1855, 철종 6) 사이에 이르러 담이 무너지고 떨어졌는데 미처 수축하지 못하고 세월만 보냈다. 그해 여름이 되자 무수한 모기가 수많은 떼를 지어 골짜기에 가득 차서 우렛소리를 이루니 코와 눈을 뜰 수 없었다. 이에 대중이 마음을 합하고 힘을 펴서 급히 부도와 도량을 수축하고 곧바로 국사의 신당神堂에 가서 고축告祝하니 모기가 즉시 자취를 감추고 스님과 대중들이 예전같이 편안하였다. 참으로 기이한 일이다.

逐虻峙說

谷城桐裏山泰安寺。慧徹國老道場也。諺傳創寺之時。一洞皆是蚊虻聚集之所也。國師以神力逐之。飛踰於山之右嶺。因爲建寺。厥後無一介蚊子。故名其嶺曰逐虻峙。又國師之碑及浮屠。在於寺內。世爲嚴守矣。至咸豊甲寅乙卯之間。墻垣崩落。未及修築。遷延月日矣。其年夏。無限蚊子。千陳萬隊。滿谷成雷。鼻眼莫開。於是大衆。同心宣力。亟爲修築浮屠道場。即行告祝國師神堂。蚊虻即時屛跡。僧人安堵如故。亦異哉。

미황사 영허의 화행을 찬미하는 설

영허靈虛의 이름은 의현義玄이다. 무오년 여름 절의 미타전彌陀殿에서 만일회萬日會를 설하여 하루에 네 번씩 정해 높은 소리로 염불하는 것을 일상으로 삼았다. 기사년 가을 무망률誣罔律(무고죄)에 걸려 옥에 들어갔다가 경오년 여름에 풀려났다. 임신년 봄에 모연문募緣文을 들고 행걸行乞하다 진주 창선동昌善洞에 이르렀다. 동지同知 정행득鄭幸得이란 사람이 있어 나이가 70이요 자식이 둘인데, 하나는 향시에 합격하였고 하나는 무과에 급제하였다. 그 집에 들어가 보니 두 명의 권선객이 먼저 앉아 있어 셋이 함께 동숙하게 되었다. 문득 '구걸할 때 함께 다니지 않는다'는 말씀을 생각하여 자신의 권선하는 일을 대략 설파하고 나서 떠나려 하였다. 주인이 안채로 들어가더니 이윽고 두 꿰미의 돈을 가지고 나와 두 손님을 문밖으로 전송하였다. 그러고는 옷 속에서 열세 개의 돈꿰미를 내어 스님에게 말하기를, "이 열세 꿰미의 돈으로 내가 아미타 국토에 태어나도록 축원해 달라."라고 하고 두 꿰미를 더 주어 노자로 삼게 하니 절을 하여 받고 정례頂禮하고 하직하였다.

감목監牧(진주 목사)의 관할 신지信地 나루터에 이르자 몇몇 포교捕校가 쳐들어와 빼앗아 갔다. 어쩔 수 없이 허탈하게 웃으며 지리산으로 들어가 여기저기 다니며 교화를 행하였다. 그런데 나루터에서 빼앗길 적에 한 사람이 곁에서 보고 목사에게 들어가 아뢰니, 목사가 즉시 맹차猛差(용맹한 포졸들)를 징발하고 포교를 체포하여 엄한 형벌을 내리고 돈을 찾았다. 또 한 장정을 심부름꾼으로 뽑아 돈을 짊어지게 하고 보내며 말하기를 "기어이 화주승을 만나 이를 전해 주고, 만일 만나지 못하면 미황사美黃寺에 가서 돈을 맡기고 표를 받아 오라."라고 하였다. 관의 노예가 자취를 물어 찾았으나 있는 곳을 알지 못하여 곧 미황사로 가서 돈을 바치고 표를 받아 떠나니, 화주 스님이 추후에 절에 도착하였다.

아, 이는 일찍이 없던 일이니, 반드시 정씨의 지극한 정성에 여러 부처
님이 감동하여 사람으로 하여금 목사에게 고하게 하였고, 목사 또한 현재
와 미래의 화신불인 것이다. 내가 듣고 기록하여 우리 불문의 나운羅云과
익신翼信의 무리에게 보여 경계를 삼게 하고, 나도 또한 일생의 교훈으로
삼는다.

美黃靈虛化行說

靈虛名義玄。戊午年設萬日會於寺之彌陁殿。日定四分。以高聲念佛爲率。
己巳秋入誣罔律。庚午夏解囚。壬申春荷募緣軸。行乞至晋州昌善洞。有鄭
同知者。名幸得。年七十。有二子。一中鄕解。一中武科。入其家。有二勸善
客。先坐其家。合爲三同宿。忽念乞不並行之言。以自己勸善事。大畧說破。
因而辭別。主公入其內堂。良久。出持二緡錢。送二客於門外。又自衣內。出
十三緡。謂僧曰。此十三緡。爲我祝生彌陁國之願。又二緡備路需。拜手而
奉。頂禮而謝。至監牧信地津頭。有數捕校。闖出奪去。不得已虛笑而來。入
智異山。邐迤行化。盖津頭見奪時。有一人傍觀。入告牧官。牧官即發猛差。
捉捕校。嚴刑捧錢。又使丁壯差使。負錢而送之曰。期逢化主僧傳此也。若
不逢。至美黃寺。附錢受標而來。官隷問跡而不知處。直向美黃寺。納其錢。
受其標而去。化主追後到寺。噫。亦未曾有之事也。必以鄭氏之至誠。諸佛
感動。使人告於官。官亦是現在未來之化身佛也。予聞而記之。示我羅云翼
信輩。使之爲戒。予亦一生箴訓焉。

순천 주검돌의 대동색설

검돌黔突의 아비는 아전 명부名簿에 소속되어 있었으나, 사람됨이 나약하여 종신토록 직책을 맡지 못하다가 끝내 원통한 마음을 품고 죽었다. 아들 하나가 있는데 이름은 검돌이요 나이는 겨우 17세였다. 그해에 임원을 파견할 때에 관할 이방이 홀로 연청掾廳(아전 집무소)에 앉아 있는데, 검돌의 죽은 아비가 의관을 갖추어 입고 들어와 앉아 평상시와 같이 인사를 나누었다. 이방은 정신이 어지럽고 머리가 곤두서서 귀문鬼門에 들어온 듯하였으나 정신을 가다듬어 묻기를, "그대는 이미 죽었는데 어찌하여 찾아왔느냐?"라고 하니 대답하기를 "요청이 있습니다. 제 자식에게 대동색大同色(대동미를 관장하는 아전)을 맡기는 것이 어떻겠습니까?"라고 하니 이방이 응낙하였다. 4, 5일 후에 다시 와서 요청하자 또한 허락하고, 파방播榜(임원의 발표) 전날에 이르러 다시 와 청하자 전과 같이 허락하였다.

날이 되어 이방이 부사府使에게 사실을 아뢰자 부사가 허락하지 않고 다른 아전들도 허락하지 않아 이방이 망연하여 물러갔다. 부사가 대동색에 당선된 자를 불러 스스로 차정差定(임명장)을 쓰게 하였는데, 곧바로 부사와 붓을 잡은 자가 동시에 기절하여 쓰러졌다가 한참 후에 깨어났다. 이에 검돌을 불러 관을 씌우고 소속케 하여 대동색 차정을 지급하여 관례대로 거행하게 하였다.

다음 해 다시 임원을 파견할 때에 다시 와서 요청하니 전과 같이 맡기었다. 이 해에 부사가 교체되자 그 아비가 다시 이방에게 와서 아들을 위해 호방戶房을 청하자 또한 허락하였다. 신관新官이 믿지 않고 다른 사람을 시켜 호방을 삼았으나, 또 함께 기절하여 쓰러졌다가 한참 후에 깨어났다. 그리하여 호방을 검돌에게 맡겼다.

그해 섣달에 검돌의 아비가 이방에게 와서 사례하기를, "내가 살아 있을 때 비록 관에 소속되었으나 끝내 한 가지 일도 맡지 못하여 철천지한을 가슴에 품었다. 이제 내 아들이 2년간 대동의 임무를 맡고 1년간 호방의 일을 행하여 가산이 풍족하고 처지도 또한 낮지 않게 되어, 살아 있을 때에 맺힌 한이 죽은 후에 비로소 풀렸으니 모두 그대의 은덕이다."라고 하고 손을 모아 절을 하고는 문득 보이지 않았다. 이방이 또한 정신이 어지럽고 모발이 곤두섰으나 마음을 수습하여 앉았다고 한다.

아아, 살아서는 눈앞의 한 몸도 보존하지 못하다가 죽어서는 오히려 사후에 남긴 자식을 구제하였으니, 세상에서 허무적멸이라고 이르는 자는 여기에 착안해 볼지어다. 드디어 기록하여 귀신이 없다 하여 거만하게 대하는 무리에게 보여 거울을 삼게 한다.

順天朱黔突大同色說

黔突父。众吏案。爲人屠弱。終身無任職。竟含寃而死。有一子。名黔突。年才十七。當其年播任時。該吏房。獨坐椽廳。黔突亡父。衣冠而入坐。寒暄如常。吏房神眩髮竪。如入鬼門。收神而問曰。君已死矣。何以相訪。曰有所請。以吾子任大同色如何。曰諾。四五日後。更來請之。亦應之。至播榜前日。更來請之。如前應之。至日。吏房訢[1] 其實于官。官不許。他吏亦不許。吏房愀然而退。府使呼大同色當選者。使自書差定。即時府使及執筆者。同時昏倒。良久蘇生。乃召黔突。上冠入屬。給大同色差定。如例擧行。明年其時。更來請。如前因任。是歲官替職。彼更來吏房所。爲子請戶房。亦許之。新官不信。使他人爲戶房。亦俱昏倒。良久蘇生。又任戶房於黔突。是年終朔。突父來謝於吏房曰。吾生時。雖曰入屬。終不得一介任事。徹天之寃。藏諸心腑矣。使吾子。二年爲大同之任。一年爲戶房之任。家產豐足。坐地亦不卑。生時結寃。死後始解。皆君之德也。合手鞠躬。因忽不見。亦神眩髮竪。收神而坐云。噫。生不能保目前之身。死猶能濟身後之子。世所謂虛無寂滅者。到此着眼也。遂記之。以示其慢鬼滅神之徒。而爲鑑焉。

---

1) ㉮ '訢'은 '訴'의 오기인 듯하다.

오종결의론

혹자가 말하기를 "벽에 쓰인 글과 편액의 글에 자세하지 않은 것을 가르쳐 주시겠습니까?"라고 하여 물어보라고 하였다.

물었다. "이 발우를 보지 못한 지가 4천 년이나 되었다 한 것은 어느 책에 나옵니까?"

대답하였다. 『불조통재佛祖通載』에 다음과 같은 이야기가 있다. 송나라 오군吳郡 땅의 주영기朱靈期가 고려로부터 돌아갈 때 배가 바람에 표류하게 되었다. 한 고을에 이르니 산사山寺가 있는데 석상石像으로 된 스님 몇이 영기를 불러 말하기를 '여기에서 금릉까지 2만여 리인데 배도盃渡 화상[50]을 아느냐?'고 물었다. 영기가 안다고 대답하자 북쪽 벽의 바랑 하나와 석장, 발우를 가리키면서 '이것이 바로 그의 발우와 기구들이니 이제 취하여 그대에게 맡긴다.'고 하였다. 아울러 책과 청죽장青竹杖을 주면서 말하기를 '배도 화상을 보면 주도록 하라.'고 하였다. 한 사미에게 명하여 전송하게 하였는데, 배에 이르자 사미가 영기에게 명해 죽장을 배 앞쪽 수중水中에 두도록 하였다. 3일 만에 석두회石頭淮에 이르러 죽장을 잃었다. 조금 후에 배도 화상이 와서 발우를 얻고 크게 웃으며 '내가 이 발우를 보지 못한 지가 거의 4천 년이 되었다.'고 말하고 공중에 던졌다가 다시 잡고 떠나갔다."

물었다. "'매실이 익었구나.'라는 말은 어느 책에 나오는지요?"

대답하였다. "『전등록傳燈錄』에 다음과 같은 이야기가 있다. 어떤 스님이 대매大梅 화상에게 묻기를 '마조馬祖[51] 스님을 뵙고 무엇을 얻었습니까?'라고 하니 대매가 말하였다. '마조가 나에게 즉심즉불卽心卽佛이라고 말하였다.' 스님이 말하였다. '마조는 근래에 또 비심비불非心非佛이라고 말하더이다.' 대매가 말하였다. '이 늙은이가 사람들을 미혹시키는구나. 너는 비심비불이라고 할지라도 나는 계속 즉심즉불이라 하리라.' 그 스님이 마조에게 말하자, 마조가 말하기를 '매실이 익었구나.'라고 하였다."

물었다. "'목서木樨나무의 향기를 맡았느냐?'라는 말은 어느 책에 나오는지요?"

대답하였다. "『전등록』에 다음과 같은 이야기가 있다. 황룡 사심黃龍死心 선사에게 황산곡黃山谷[52]이 경절처徑截處를 지시해 주기를 청하자, 황룡 선사가 말하기를 '"제자들아 내가 숨긴다고 여기느냐, 나는 너희에게 숨김이 없노라."라고 하신 공자의 말씀[53]을 태사太師는 평소에 어찌 이해하는가?'라고 물었다. 공이 헤아려 대답하자 황룡 선사가 말하기를 '옳지 않다, 옳지 않다.'라고 하니 공이 미혹되고 번민함이 그치지 않았다. 하루는 황룡 선사를 모시고 산행할 때 바위에 계수나무가 성대하게 피었다. 황룡 선사가 '목서화의 향기를 맡았느냐?'고 하니 공이 맡았다고 하였다. 황룡 선사가 말하기를 '내 너에게 숨김이 없노라.'라고 하자, 이에 공의 마음이 환하게 풀렸다. 북미륵암北彌勒庵 노전爐殿의 편액이 문향각聞香閣인 것은 또한 이 뜻이다."

물었다. "12종사의 도량은 어느 책에 나옵니까?"

대답하였다. "『대둔지』에 이르기를 풍담 의심楓潭義諶, 취여 삼우醉如三愚, 월저 도안月渚道安, 화악 문신華岳文信, 설암 추붕雪嵒秋鵬, 환성 지안喚惺志安, 벽하 대우碧霞大愚, 설봉 회정雪峯懷淨, 상월 새봉霜月璽篈, 호암 체정虎嵒體淨, 함월 해원涵月海源, 연담 유일蓮潭有一이라고 하였다."

물었다. "석란산錫蘭山은 어느 책에 나옵니까?"

대답하였다. "『담연집覃研集』에 이르기를 '서역 나라에 사자후국獅子吼國이 있는데 옛날에는 석란산이라 칭하였다.'라고 하였다."

물었다. "일로향실一爐香室은 어느 책에 나옵니까?"

대답하였다. "『염송집拈頌集』 야보冶父[54]의 송에 노래하였다.

　화로의 향기 속에 홀로 앉아

금문金文[55] 두 줄을 읊조리네

가련타 거마로 오가는 나그네여

문밖에 저렇듯 바쁘기만 하구나.[56]"

물었다. "그렇다면 모두 선가 어록에 나오는지요?"
대답하였다. "그렇다." 혹자가 "예예."라고 하고 물러갔다.

五種決疑論

或曰。壁書額書未詳者。可指示否。曰問。來問曰。不見此鉢四千年。出何書。曰佛祖通載曰。宋吳郡朱靈期。自高麗還。舶爲風漂。至一洲。有山寺。見僧數人皆石像。呼靈期云。此去金陵二萬餘里。識盃渡否。靈期曰。識之。指北壁一囊并錫鉢。曰乃其鉢具耳。今取附君。并書及靑竹杖授之曰見盃渡即付之。令一沙彌送至舶。沙彌命靈期。以竹杖置前水中。三日而至石頭淮。遂失竹杖。有頃渡來。得鉢大笑曰。我不見此鉢。且四千年矣。以擲雲中。又接之乃去。問曰。看梅子熟矣。出何書。曰傳燈錄云。有僧問大梅和尙。見馬祖。得個甚麼。大梅曰。馬祖向我道。即心即佛。僧曰。馬祖近日又道非心非佛。大梅曰。這老漢惑亂人。任汝非心非佛。我只管即心即佛。其僧白于馬祖。馬祖曰。梅子熟矣。問曰。聞木樨香乎。出何書。曰傳燈錄云。黃龍死心禪師。因黃山谷。乞指徑截處。龍曰。秖如仲尼道。二三子。以我爲隱乎。吾無隱乎爾。太史居常如何理論。公擬對。龍曰不是不是。公迷悶不已。一日侍龍山行時。巖桂盛開。龍曰。聞木樨花香麼。公曰聞。龍曰。吾無隱乎爾。公釋然。北彌勒爐殿額曰聞香閣。亦此意也。問曰。十二宗師道場。出何書。曰大芚志云。楓潭義諶。醉如三愚。月渚道安。華岳文信。雪嵓秋鵬。喚惺志安。碧霞大愚。雪峯懷淨。霜月璽篈。虎嵓體淨。涵月海源。蓮潭有一。問曰錫蘭山。出何書。曰覃硏集云。西域國有獅子吼國。古稱錫蘭山。問曰。一爐香室。出何書。曰拈頌集冶父頌云。獨坐一爐香。金文誦兩行。可憐車馬客。門外任他忙。問曰。然則皆出於禪家語錄。曰然。或唯唯而退。

대승계 법문

　대개 때와 더러움을 깨끗이 하는 것은 물이 으뜸이요, 가시덤불을 제거하는 것은 불이 첫째이다. 때문에 제삿날과 재를 올리는 때에 몸을 씻고 옷을 세탁하여 일을 행하고, 법석을 설치하고 계를 받을 때도 이마와 팔을 태워 맹서를 맺는다. 몸을 씻고 옷을 세탁함은 현재의 바깥에 물든 것을 제거하는 것이요, 이마와 팔을 태우는 것은 과거 내면의 티끌을 없애는 것이니, 혹 참회하는 마음을 전한다고 이름하고, 혹은 재계하여 불을 받는다고 이름한다. 그런 후에 비구의 이백오십계행戒行과 보살의 오십팔 율의律儀를 받는 것이다.

　명나라와 청나라의 율의와 계행은 멀어서 자세히 알지 못하나, 신라·고려·조선의 위의는 대략 살펴볼 수 있다. 일지一指와 혼허渾虛의 설이 귀에 쟁쟁하고, 허주虛舟와 영산影山이 전한 것이 곳곳에서 강론된다. 연담蓮潭과 연파蓮坡의 등불은 여전히 타오르고, 퇴은退隱과 화문化門의 심인心印은 여전히 닳지 않았다. 영허映虛와 동화東化는 남북의 노파자요, 초의草衣와 철선鐵船은 고금의 왕노사王老師[57]이다. 침명枕溟과 함명涵溟은 법손이 참으로 성대하고, 묵암黙庵과 응암應庵은 등광燈光이 일월처럼 빛나며, 벽담碧潭과 완담玩潭은 곳곳에 법륜을 굴리고, 우담優曇과 원화圓華는 산문마다 선풍을 심었다. 경담鏡潭과 덕송德松은 양악羊岳과 백파白坡의 선원禪源을 지켰고, 혼허渾虛와 청연淸淵은 미봉眉峯과 낭암朗巖의 불심인佛心印을 받들었다. 이들은 모두 인천人天의 안목이요 선해禪海를 건너는 배이다.

　사미·비구·보살은 깊고 얕음이 같지 않고, 화상·갈마羯摩·교수는 말과 침묵이 다르나, 피안과 차안이 모두 인아人我의 위에 있으니, 진불眞佛과 즉불卽佛을 어찌 실상의 세계에서 논하겠는가. 말하고 듣는 이가 다르다고 이르지 말라, 다만 자타自他가 한가지 이치임을 알지니, 이름은 비록 보살이나 지위는 바로 부처로다. 거듭 가타伽陁(게송)를 선설宣說한다.

아我가 아가 아니며
인人이 인이 아니로다
인아人我의 자취 없어야
참된 스승이 되리라

大乘戒法門

盖潔垢穢者。水爲之首。除荊棘者。火爲之初。故祭日齋時。浴身洗衣而行事。法設戒受。燒頂燃臂而結盟。浴身洗衣。去現在之外染。燒頂燃臂。滅過去之內塵。或名懺悔傳心。或名齋戒受火。然後受比丘二百五十戒行。受菩薩五十八之律儀。大明大淸之律行。遙未詳知。羅麗朝鮮之威儀。粗可明鑑。一指渾虛之說。錚錚在耳。虛舟影山之傳。處處弄唇。蓮潭蓮坡之燈。尙在熾然。退隱化門之印。猶不刓燹。映虛東化。南北之老婆子。草衣鐵船。古今之王老師。枕溟涵溟。法胤如猋斯詵詵。默庵應庵。燈光若日月昱昱。碧潭玩潭。轉法輪於處處。優曇圓華。種柏樹於山山。鏡潭德松。守羊岳白坡之禪源。渾虛淸淵。佩眉峯朗巖之佛印。此是人天眠[1]目。禪海舟航。沙彌比丘菩薩。深淺不同。和尙羯摩敎授。語默有別。彼岸此岸。都在於人我之上。眞佛卽佛。何論於實相之邊。莫言說聽懸殊。第會自他一理。名雖菩薩。位乃佛陁。重宣伽陁曰。

我不是我。人不是人。人我無跡。眞個導者。

---

1) ㉱ '眠'은 '眼'의 오기인 듯하다.

다구명
茶具銘

생애가 맑고 한가함은	生涯淸閒
몇 말의 차 싹 때문	數斗茶芽
변변찮은 화로 놓고	設苦窳爐
세고 약한 불 지피네	載文武火
질흙 물병은 오른쪽에	瓦罐列右
자기 사발은 왼쪽에 두고	瓷盌在左
오직 차 마시기 힘쓰니	惟茶是務
무엇이 나를 유혹하랴	何物誘我

행장명
行藏銘

은거하면 방장산	藏則方丈
행각하면 나무 아래	行乃樹下
주장자 하나에	柱杖一條
발우는 네 개라	鉢盂四顆
청주의 포삼[58] 입고	青州布衫
강동의 쌀값[59] 묻네	江東米價
백발 이미 성성한데	髮已種種
마음 높여 앉았네	高心大坐

죽비명
竹篦銘

진퇴가 엄명하고	進止嚴整
상벌이 분명하여	償罰分明
사자후 토해 내니	獅子作吼
뭇짐승 소리 죽인다	衆獸歛聲
움직이면 침묵 지키고	動乃守默
고요하면 정을 머금어	靜必含情
옛사람의 담병이요	古人談柄
오늘 나의 좌우명이라	今我口銘

목탁명
木鐸銘

입은 있으나 말은 없어	有口無語
뺨 두드리면 소리 울린다	叩頰有鳴
상왕이 돌아보자	象王回顧
뭇짐승 자취 감춘다	群毛隱屏
문에 기다려 자취 들이고	佇門納跡
법석 열 때 받들어 맞나니	開筵奉迎
유자는 공자에 견주고[60]	儒比魯聖
불가에선 범승 나타낸다	釋表梵僧

주장명
柱杖銘

몸을 견고히 지탱하니	扶身堅柱
호법의 살아 있는 용	護法活龍
나그네의 벗이요	行李朋友
좌선하는 이의 으뜸	坐禪朝宗
부뚜막 귀신 타파하고[61]	打破竈靈
연자방아 두드렸네[62]	敲下碓舂
나라의 복 받들고자	高支國祚
솔 주장자 다시 든다	重拈枝松

염주명
念珠銘

수중엔 백팔이요	手中百八
당내엔 일천이라	堂內一千
소리 높여 셈하고	高聲念數
묵좌하여 선에 든다	默坐禪詮
증명 자리에선 소리 울리고	證席呱呱
강석 자리에선 끊임없다	講筵綿綿
항상 몸 위에 걸어	長掛身上
사특함 방비한다	要防邪牽

영산[63] 선지식 찬
影山知識贊

도는 한 끼도 부유하고	道富一食
행실은 삼의[64]도 사치라	行奢三衣
나무 아래로 떨어지니	墜間樹下
궁한 사내요 거지 아이로다	窮夫乞兒
관음의 법을 잇고	觀音法嗣
통도사의 중을 따라	通度僧隨
들마다 행각하고	野野營營
산마다 유람했네	山山之之
구산에 의탁하고	龜山投托
송광사로 가만히 옮기니	松寺密移
완당이 답하여 찬하고	阮堂答贊
범해가 할하여 알도다	梵海喝知
자유롭게 소요하나니	優哉游哉
세 분 노고추로다	三家古錐

백파[65] 율사 찬
白坡律師贊

교문의 목탁이요	敎門木鐸
선가의 귀감이라	禪家龜鑑
다시 대기대용 논하여	更論機用
불법을 거듭 밝혔네	重現魚梵
학인들 가르침 청하고	塡瓶請誨
대중들 참회 받으니	稻麻受懺
울음 그치는 노파요	止啼老婆
중생 제도하는 돛배라	濟衆風帆
일 마치고 물러나서	了事退广
법등 전하고 높이 누웠네	傳燈高枕
비석과 진영 이루었으니	碑影並成
때때로 강림하소서	時當降臨

용운[66] 대사 찬
龍雲大師贊

큰 기운이 잉태하고	元氣胚胎
세상 지혜로 장엄하여	世智莊嚴
욕천[67]에서 출가하니	浴川踰城
조계에 마음 맞았네	曹溪投針
문장은 유래가 있고	文章有自
문벌도 겸하였으니	閥閱載兼
영호남의 집정자들이	嶺湖執政
선악 간에 더욱 우러렀다	善惡倍瞻
일곱 사찰 중흥하고	七寺興修
재물도 청렴하였고	物貨廉謙
내외의 재물 풍성하나	內外財豊
생사를 싫어하였네	生死用厭
선과 교를 함께 전하니	禪敎並流
비석과 진영 자리했네	碑影雙占

무위[68] 진신 찬
無爲眞身贊

가락의 후예요	駕洛苗裔
임제의 자손이라	臨濟後塵
가경 연간에 태어나	降生嘉慶
임진년에 출가하였다	剃染壬辰
여덟 선지식 참배하고	叅八知識
막중한 사은 갚았도다	報四重恩
인욕의 갑옷을 두르고	被忍辱甲
무위의 참사람 되었다	做無爲人
매실 익고 연꽃 향기 풍겨	梅熟蓮香
훌륭한 자손이 넘쳤다	善子令孫
적멸이 즐거움 되니	寂滅爲樂
참된 법신이로다	眞個法身

자찬
自贊

각은 피안의 뜻이요	覺者彼岸
범왕은 불법의 바다	梵王法海
진해의 이름 있는 집안으로	族望鎭海
청해에서 태어나 자랐네	生長淸海
춤추며 구곡으로 귀의하여	舞歸九曲
오로지 삼의를 의지했네	全仗三衣
입 놀려 학인들 오도하고	下嘴誤人
사적 기록함에 기연 미혹했네	記事迷機
가난하여 바늘 꽂을 땅 없으나	貧無卓錐
기세는 수미산을 압도하네	氣壓須彌
마음은 항상 기가 넘쳐 나	懷常氣勝
도가 미약할까 저어하네	或恐道微
그늘 들면 그림자 사라지고	就蔭無影
불에 들면 허망한 몸 없도다	入火無身
찾아도 자취가 없으니	尋之無跡
한 조각의 신령한 빛뿐	一段靈神

병인년[69] 표충사 축
丙寅表忠祠祝

숙세에 선근을 심고	夙種善根
일찍 영특한 자질 받아서	早受英質
정오의 닭 울음소리에	午鷄一聲
능사를 이미 마쳤도다	能事已畢
비구의 몸 나타내고	現比丘身
장군의 전술 드러내어	出將軍術
칠 년의 위태로움 가운데	見危七年
하루아침에 공적 이루었다	成功一日
임진년 사특한 기운 비추더니	祲照壬辰
무술년에 시운이 돌아왔다	運回戊戌
전각을 경영하고 건립하여	營建院宇
임금님의 글 봉안하니	奉安御筆
사방의 산이 높이 솟고	四山崔嵬
두 봉우리는 우뚝하도다	雙峯崒崔
그 선견지명 준수하여	遵其先見
훗날의 복을 받는다	蒙斯後吉
소인들 시끄러움 일으키고	兒輩惹端
조개와 도요새처럼 다투며	爭同蚌鷸
백방으로 속이고 날조하나	百般誣捏
만사가 진실이 없도다	萬事無實
꼬리는 화살 막았으나	隨尾防矢
머리는 그물에 떨어졌다	觸頭墮罼
자웅이 서로 창화하여	雄唱雌和

아이가 밤 다투듯 하니	如兒爭栗
계속 보존할 계책 없어	典保無策
문 닫고 사방을 나섰다	閉門四出
젊어선 눈물 머금어 말하고	少含淚語
늙어선 하늘 보고 웃누나	老仰天咥
보전의 향 스러지고	香殘寶篆
금실의 연기도 사라져	烟消金室
산도 적적하게 원망하고	山寂寂冤
물도 잔잔히 오열한다	水潺潺咽
오호라 슬프도다	嗚呼哀哉
세 분 대선사[70]께서는	三大禪師
방편의 법문 열어	開方便門
바라밀을 교시하시고	示波羅密
사견의 기치를 깨뜨려	碎邪見幢
바른 법률 세우셨네	立正法律
「북산이문」[71]을 돌리시어	行北山移
미친 무리들 소제하니	掃狂妄跸
산문이 편안하고 한가하며	山門安閒
스님의 풍습 고요해졌네	僧習靜謐
온갖 신령 모두 즐거워하고	百靈咸樂
만사가 순수하고 전일해지니	萬事精一
상서祥瑞가 아울러 이르고	瑞慶並臻
인천이 함께 즐거워하였네	人天共暱
용상이 정직하사	龍象正直
맑은 소리 모두 갖추었네	淸聲備悉

『범해선사문집』 제1권 끝

梵海禪師文集 第一終

주

1 도요새와 조개가~못하는 격이었다 : 도요새가 무명조개의 속살을 먹으려고 부리를 조가비 안에 넣는 순간 무명조개가 껍데기를 꼭 다물고 부리를 안 놓아주자, 서로 다투는 틈을 타서 어부가 둘 다 잡아 이익을 얻었다는 데서 유래한다. 어부지리漁父之利의 이야기다.『戰國策』.

2 곡례曲禮 삼천三千 : 『曲禮』는 『儀禮』의 다른 이름. 『禮記』「禮器」에 "기본적인 예의가 3백 가지요, 구체적인 예절이 3천 가지인데, 그 정신은 하나이다.(經禮三百。曲禮三千。其致一也。)"라고 하였다. 또 『中庸章句』 제27장에도 "크고 넉넉하도다. 예의가 3백 가지요, 위의가 3천 가지로다.(優優大哉。禮儀三百。威儀三千。)"라는 말이 나온다.

3 정자程子 : 중국 북송의 유학자로, 형제가 있다. 형 정호程顥(1032~1085)의 자는 백순伯淳, 호는 명도明道. 아우 정이程頤(1033~1107)와 함께 이정자二程子로 불리며 도덕설을 주장하여 우주의 본성과 사람의 성性이 본래 동일하다고 보았다. 저서에 『定性書』, 『識仁篇』이 있다. 아우 정이의 자는 정숙正叔, 호는 이천伊川. 최초로 이기理氣의 철학을 내세우고 유교 도덕에 철학적 기초를 부여하여 형인 정호와 함께 송대 주자학의 근거를 세웠다. 저서에 『伊川先生文集』이 있고, 공저에 『二程全書』가 있다.

4 마음에 뿌리박혀~온몸에 퍼져서 : 비슷한 표현이 『孟子』에 나온다. "君子所性。仁義禮智根於心。其生色也。睟然見於面。盎於背。" 『孟子』「盡心」上.

5 염제炎帝 : 좌구명左仇明의 『國語』에서는 강씨姜氏의 시조신始祖神으로 나온다. 때로는 태양신으로 받들기도 하였고, 또 신농神農과 동일시되는 경우도 있다. 고대 중국에는 각지에 불의 신으로 여겨지는 것들이 많이 있었던 것 같은데, 전국시대 말 오행설五行說이 유행함에 따라 신들을 통합하려는 기운이 나타났다. 그때 화신火神들이 염제라는 이름으로 통합된 흔적이 엿보인다.

6 여이女夷 : 꽃을 맡은 신이다.

7 『본초本草』 : 양梁나라의 학자 도홍경陶弘景이 6세기 초에 『神農本草經』 3권을 교정하고 다시 주를 가하여 『神農本草經集註』 7권을 저술하였다. 후세의 본초서는 모두 이것을 조술祖述한 것으로서, 송宋의 『證類本草』는 그 발전의 절정을 이루는 것이다. 맨 앞에 10조로 된 총론이 있고 이어서 365종의 약품을 상·중·하의 3품으로 나누어 각각 기미氣味와 약효藥效와 이명異名을 서술한 간단한 약물서이다. 현재의 『神農本草經』은 명나라의 노복盧復, 청나라의 손성연孫星衍 등에 의하여 각각 재편집된 것이다.

8 팔부八部 : 또는 용신팔부龍神八部. 불법을 수호하는 신장神將들. 천·용·야차·아수라·가루라·건달바·긴나라·마후라가의 8신. 이 가운데서 천과 용이 으뜸이므로 특히 천룡팔부라 한다.

9 기야祇夜 : Ⓢ geya. 응송應頌·중송重頌·중송게重頌偈라 번역하며 12부경部經의 하나이다. 노래의 뜻을 가진 범어 'gai'에서 온 중성中性 명사로, 산문散文의 끝에 다시 그 뜻을 거듭 말하는 운문체韻文體의 경이다.

10 겁석劫石 : 부처가 겁겁의 뜻을 설명하기 위해 비유한 사방 40리里 되는 석산石山으로, 100년마다 사람이 한 번씩 와서 옷깃을 살짝 스치기만 하여 그 석산이 다 닳아 없어지는 기간이 1겁이라 하였는데, 그런 석산도 말세의 겁화劫火를 당하면 삽시간에 소진되어 재만 날린다는 설화에서 나온 것이다.

11 청해靑海 : 현재의 전라남도 완도.

12 효자의 효도~복을 받으리로다 : 출전은 『詩經』「大雅」〈旣醉〉이다.

13 옥주沃州 : 전라남도 진도珍島.

14 등림鄧林 : 숲을 말한다. 중국 전설에 "과보夸父가 해를 쫓아가다가 8일 만에 목이 말라 황하黃河에서 물을 먹고 부족하여 북쪽 대택大澤으로 물을 마시러 가다가 이르지 못하고 죽었는데, 그가 짚고 간 지팡이가 변하여 등림이 되었다."라고 하였다. 『山海經』.

15 「천문지天文志」: 『後漢書』 志 「天文」을 말한다.

16 장성張星 : 남방 주작 칠수朱雀七宿 중 한 별자리이다.

17 아도阿度 : 또는 아도我道·아두阿頭. 고구려 스님. 240~248년(위魏나라 정시 연중)에 위나라 사람 아굴마가 왕명으로 고구려에 왔다가 고도령과 통정하여 아도가 태어났다. 5세에 출가, 16세에 위나라로 가서 현창玄彰에게 수학하고 19세에 귀국하여 다시 어머니 명으로 신라에 갔다. 때는 263년(신라 미추왕 2)으로, 궁궐에 나아가 불교 선전하기를 청하다가 그때 사람들의 미움을 받고 모례의 집에서 3년 동안 은거하였다. 마침 공주가 병이 나서 사방으로 의사를 구할 때에, 스님이 왕성에 들어가 병을 치료하니 왕이 기뻐하며 절을 짓고 불교를 일으키게 하였다. 그때 신라 풍속이 검소하여 초가로 흥륜사興輪寺를 처음 짓고 스님이 설법하니 하늘 꽃이 떨어졌다고 한다. 모례의 누이 사씨史氏도 비구니가 되어 영흥사永興寺를 지었다. 후에 미추왕이 죽으니 백성들이 스님을 해치려 하므로, 모례의 집에 돌아와서 무덤을 만들고 들어가 다시 나타나지 아니하였다고 전한다.

18 양무제梁武帝 : 중국 남조 양의 초대 황제 소연蕭衍(464~549)으로 502년~549년 재위하였다. 자는 숙달叔達, 묘호는 고조高祖, 시호는 무제武帝. 남제 황실의 방계에 해당된다. 아버지 순지順之는 남제의 고제 소도성의 사촌동생이다.

19 원효元曉(617~686)는 신라의 고승으로, 속성은 설薛, 속명은 서당誓幢 또는 신당新幢이다. 설총薛聰의 아버지이다. 617년은 원효가 출생한 해로 본문의 기술은 오류가 있는 듯하다.

20 의봉儀鳳 원년 : 의봉은 당 고종高宗의 연호로 원년은 676년이므로 시대의 선후가 맞

지 않다.
21 무이武夷 : 무이산武夷山은 중국 복건성에 있는 기암절벽과 강이 어우러진 경치 좋은 명산이다. 일찍이 『漢書』나 『史記』에는 무이군武夷君(신선)이 사는 곳으로 기록되었다. 그리고 한대漢代부터는 국가에서 제사를 지내기도 했다. 남송 때 주자朱子는 1183년 54세에 무이산에 정사精舍를 짓고 자연을 벗 삼아 공부하며 지낸 적이 있었다. 이때 그는 무이산의 절경을 읊은 〈武夷棹歌〉라는 명시를 지어 후대에 큰 영향을 끼쳤다.
22 진중秦中 : 섬서陝西 중부의 평원, 즉 관중關中 땅을 말하는데, 춘추전국시대에 진秦나라의 영토였기 때문에 그렇게 부른 것이다.
23 우공藕孔의 산천 : 우공은 연꽃 대 속을 가리키는 말로 『雜阿含經』 권16에 아수라阿修羅가 천제天帝와 싸우다가 크게 패하여 상군象軍・마군馬軍・거군車軍・보군步軍의 4군이 모두 우공 속으로 달아나 숨었다고 한다. 일종의 피난처나 은거하기 좋은 곳을 말한다.
24 호중壺中의 선계仙界 : 『後漢書』「方術傳」에 다음의 이야기가 나온다. 중국 후한 시대에 비장방費長房이라는 사람이 있었다. 그는 여남현汝南縣의 시장에서 관리인으로 일하고 있었다. 어느 날 비장방은 이상한 광경을 보게 되었다. 시장 한 모퉁이에서 영약靈藥을 파는 약장수 할아버지가 한 분 있었는데, 이 할아버지는 언제나 가게 앞에 항아리를 하나 놓아두고는, 시장이 파하면 얼른 항아리 속으로 들어가 사라지는 것이었다. 시장 사람들은 아무도 그것을 눈여겨보지 않았으나 비장방은 너무도 이상한 일이라고 생각되어 그 할아버지를 찾아갔다. 그러자 할아버지는 그를 항아리 속으로 안내했다. 항아리 속에는 훌륭한 옥으로 만든 화려한 저택이 장엄하게 솟아 있고, 그 저택 안에는 산해진미가 차려져 있었다. 그는 할아버지와 함께 술과 음식을 마음껏 먹고 나서 다시 항아리 밖으로 나왔다. 이 약장수 할아버지는 하늘에서 지상으로 유배된 선인仙人인 호공이었다. 뒤에 호공이 용서를 받아 천계天界로 돌아갈 때 비장방도 그를 따라갔는데, 선술仙術을 익히는 데 실패하여 지상으로 돌아왔다고 한다.
25 정약용丁若鏞(1762~1836) : 조선 후기 학자 겸 문신. 사실적이며 애국적인 많은 작품을 남겼고, 한국의 역사・지리 등에도 특별한 관심을 보여 주체적 사관을 제시했으며, 합리주의적 과학 정신은 서학을 통해 서양의 과학 지식을 도입하기에 이르렀다. 주요 저서는 『牧民心書』, 『經世遺表』 등이 있다.
26 사액賜額 : 임금이 나라에 공이 있는 사람이나 큰 학자의 서원書院이나 사우祠宇에 편액을 써서 내리는 일이다. 이런 경우 대개 토지나 노비 등을 하사하고 제수祭需를 관가에서 마련해 준다.
27 동치同治 11년 : 동치 11년은 임신년이요, 10년이 신미년이니 착오가 있는 듯하다.
28 송금산松禁山 : 국가에서 재목을 조달하기 위하여 벌채를 금하고 보호하는 소나무가 잘 자라는 산이다.

29 자장子張이 띠에 쓴다든지 : 자장이 바른 행동에 대해서 묻자, 공자께서 말을 충신忠信하게 하고 행동을 독경篤敬하게 하라고 하였으며 항상 마음속에 충신과 독경을 주인 삼으라고 하시니 자장이 그 말씀을 띠에 써서 봉행하였다.

30 남용南容이 백규白圭의~읊는 것 : 『論語』「先進」에 보면, 남용은 백규의 시 "흰 옥의 티는 닦을 수가 있지만 이 말의 허물은 없앨 수가 없구나.(白圭之玷。 尙可磨也。 斯言之玷。 不可爲也。)"(『詩經』「大雅」〈抑〉)를 하루에 세 차례씩 반복하며 말을 삼가 공자가 그의 형의 딸을 그에게 시집보내 주었다.

31 노파자老婆子의 공안公案 : 늙은 노파가 어린 자식을 생각하듯이 선사가 학인을 간절히 훈도한다는 뜻이다.

32 은홍교殷洪喬처럼 부침浮沈하게 : 진晉나라 은홍교가 예장 태수豫章太守가 되었을 때 남의 편지 100여 통을 부탁 받아 가지고 가다가, 도중에서 모두 물에 띄워 버리고 말하기를, "뜰 것은 뜨고 가라앉을 것은 가라앉아라. 은홍교가 편지나 전하는 우체부가 되지 않겠다."라고 하여, '홍교척수洪喬擲水'란 문자가 전한다. 부침이란 편지나 글을 제대로 전하지 않거나 지니지 않는 것을 뜻한다.

33 무휼無恤같이 깊이 품에 간직할지어다 : 춘추 후기에 진나라 대부 조간자趙簡子에게는 두 아들이 있었다. 큰 아들은 백로伯魯, 둘째는 무휼이었다. 누구를 후계자로 세울지 결정하기가 어려워서 대나무에 훈계하는 말을 써서 주었다. 3년 후에 물어보니 백로는 대나무를 잃었고 무휼은 품속에 늘 간직하여 드디어 후계자가 되었다.

34 제34장의 사문운운沙門云云과~글자가 있다 : 『四十二章經』의 제34장은 "有沙門夜誦經甚悲。 意有悔疑。 欲生思歸。 佛呼沙門問之。 汝處于家將何以修爲。 對曰。 恒彈琴。 佛言。 絃緩何如。……"라고 되어 있고, 제38장은 "佛問諸沙門。 人命在幾間。 對曰。 在數日間。 佛言。 子未能爲道。……"라고 되어 있는데, 두 장 모두 문답이므로 '불언佛言'이 장의 처음에 나오지 않고 중간에 나온다는 말이다.

35 마지摩旨 : 부처님께 올리는 밥.

36 삼태三台 : 삼태성三台星은 상태上台 · 중태中台 · 하태下台 각각 2개씩 6개로 이루어진 별이다. 이 별들이 제자리를 잡고 있으면 음양이 조화를 이루고 풍년이 든다고 한다. 이런 의미를 취한 것으로 보인다.

37 영분靈氛의 정전筳篿 : 영분은 고대 중국 전국시대의 점쟁이로 길흉을 잘 알아맞혔다. 정전은 점칠 때 쓰는 대나무이다. 『楚辭』「離騷」.

38 요부堯夫의 시귀蓍龜 : 요부는 소옹邵雍(1011~1077)의 자字. 송宋나라의 학자이자 시인. 도가 사상의 영향을 받고 유교의 역철학易哲學을 발전시켜 특이한 수리철학數理哲學을 만들었다. 그는 음陰 · 양陽 · 강剛 · 유柔의 4원四元을 근본으로 하고, 4의 배수로써 모든 것을 설명하였다. 시귀는 옛사람들이 점칠 때 쓰던 시초와 거북을 가리킨다. 요부의 지혜라는 뜻이다.

39 보조普照 국사 : 지눌知訥(1158~1210). 고려의 승려로 돈오점수頓悟漸修와 정혜쌍수定慧雙修를 주장하였다. 선禪으로써 체體를 삼고 교敎로써 용用을 삼아 선·교의 합일점을 추구했다. 저서에 『眞心直說』, 『牧牛子修心訣』 등 다수가 있다.

40 능견난사能見難思 : 원뜻은 눈으로 볼 수는 있으나 보통의 이치로는 도저히 생각할 수 없는 일을 말한다. 송광사의 쇠로 만든 그릇을 지칭하는 말로도 쓰인다.

41 아육왕阿育王 : 인도 마우리아 왕조의 제3대 왕. 그의 치세 중에는 불교를 비롯한 갠지스강 유역 고도의 문화가 다른 지방에 급속히 퍼져 문화의 발달을 촉진시켰다. 또한 불교도들은 그를 이상적 군주로 추앙하였고, 그는 많은 설화를 탄생시킨 주인공이 되었다.

42 야사耶舍 비구 : [S] Yaśas. 야수타耶輸陀·야사타耶舍陀라 음역하고 명문名聞·명칭名稱이라 번역. 중인도 바라내국 장자, 선각의 아들. 인생의 무상함을 통감하고 염세하는 마음을 내어, 집을 떠나 세존에게 와서 교화를 받고 불제자가 되었다. 그의 부모와 아내는 야사의 출가함을 슬피 여겨 세존이 있는 데까지 따라왔다가 부처님의 교화를 받고 불문에 귀의하였다. 부처님 성도하신 후의 첫 우바새(우바이)가 된다.

43 염부제閻浮提 : [S] Jambu-dvīpa. 염부제비파閻浮提鞞波·섬부주贍部洲. 수미사주須彌四洲의 하나. 수미산의 남쪽에 있으며 칠금산과 대철위산 중간, 짠물 바다에 있는 대주大洲의 이름이다. 예주穢洲·예수성穢樹城은 염부나무가 번성한 나라란 뜻이고, 승금주勝金洲·호금토好金土는 염부단금閻浮檀金을 산출하는 나라란 뜻이다.

44 태공의 곧은 낚싯바늘 : 강태공은 태공망太公望 여상呂尙을 가리킨다. 그는 위수渭水가의 반계磻溪에서 낚시질하다가 문왕文王을 처음 만나 사부師傅로 추대되었다. 뒤에 문왕의 아들인 무왕武王을 도와서 은殷나라를 멸망시키고 천하를 평정하였다. 낚시 자체를 위한 것이 아니었기 때문에 곧은 낚싯바늘을 썼다고 한다.

45 길손의 곡돌曲埃 : 화재 발생의 염려가 없다는 것을 해학적으로 표현한 것이다. 순우곤淳于髡이 이웃집에 손님으로 왔다가 화재의 염려가 있으니 굴뚝을 고치고 옆에 있는 나뭇단을 다른 곳으로 옮기라고 충고했는데도 그 주인이 말을 듣지 않아, 마침내 불이 난 결과 그 불을 끄느라 머리카락이 타고 이마가 그을렸다는 '곡돌사신曲突徙薪'의 이야기가 있다. 『漢書』 권68 「霍光傳」.

46 난정蘭亭의 곡수연曲水宴 : 난정은 오현吳縣 지방인 회계군會稽郡에 있던 정자 이름. 진晉나라 왕희지王羲之가 회계군 내사內史로 있을 때 당시의 명사 42인과 그곳에 모여 계제사禊祭祀(삼짇날 물가에 가서 흐르는 물에 몸을 씻고 신에게 복을 기원하는 일)를 행한 일로 인해 세상에 유명해졌는데, 주변에 경호鏡湖와 섬계剡溪가 있다. 지금은 그 자리에 천장사天章寺란 절만 남아 있다고 한다.

47 진시황의 직도直道 : 진시황이 천하 통일을 하고 나서 자신만이 다닐 수 있는 큰 직선 도로를 개설하였다.

48 섭공葉公이 물었던 정직한 사람 : 섭공이 공자께 말하기를 "우리 고을에 정직한 사람이 있는데 그 아비가 양을 훔치자 아들이 고발하였습니다." 공자가 말하기를 "우리 고을의 정직한 사람은 그와 다릅니다. 아비는 자식을 위해서 잘못을 드러내지 않으며 자식은 아비를 위해서 잘못을 감춥니다. 정직함이 그 가운데 있습니다."라고 하였다.『論語』「子路」.

49 심도자心都子가 물었던~잃었던 일 : 다기망양多岐亡羊이란 고사를 차용하였다. 양자楊子의 이웃 사람이 양을 잃어서 그 무리를 다 동원하고 다시 양자의 종까지 동원하여 찾으려 하였다. 이에 양자가 묻기를 "한 마리 양을 잃고 찾으러 가는 사람이 어찌 이렇게 많은가?"라고 하자, 그가 말하기를 "갈림길이 많기 때문입니다."라고 하였다. 찾으러 갔다가 돌아오는 것을 보고, 양자가 "양을 찾았는가?"라고 묻자 "잃었습니다."라고 하였다. 양자가 다시 "어째서 잃었는가?"라고 하자, 그가 말하기를 "갈림길 속에 다시 갈림길이 있어 나는 어디로, 양은 어디로 갔는지 알 수 없기에 돌아오고 말았습니다."라고 하였다. 이에 심도자가 말하기를 "대도大道는 갈림길이 많아 양을 잃고 학자는 방도方道가 많아 생명을 잃는다."라고 하였다고 한다.『列子』「說符」.

50 배도盃渡 화상(?~426) : 진晉나라 때의 승려. 기주冀州 사람이라 하나 태어난 해와 이름은 알지 못한다. 항상 나무로 된 술잔을 타고 강을 건넜으므로 사람들이 배도 화상이라고 불렀다. 계율에 구애받지 않고 술도 마시고 고기를 먹었으나 신통력은 대단히 뛰어났다고 한다. 한때 그는 북방의 어느 집에 기숙하고 있었는데 하루는 그 집에 있던 금불상 하나를 몰래 가지고 집을 나섰다. 주인이 그 사실을 알고는 말을 타고 뒤쫓아 왔으나 아무리 채찍질을 해도 천천히 걸어가는 배도 화상을 따라잡을 수 없었다. 그러다 맹진하孟津河란 강가에 이르자 배도 화상은 나무로 된 술잔을 물에 띄우더니 그걸 타고 건너 버렸다.

51 마조馬祖 : 속성俗姓은 마馬씨, 이름은 도일道一. 마조 도일이라고 한다. 한주漢州 습방什邡에서 태어났다. 처음에는 처적處寂 밑에 출가해 선禪을 배웠고, 후에 유주渝州 원율사圓律師에게 구족계를 받았다. 그 후 각지의 성지를 순례하다가, 호남湖南 지방의 남악南岳에 이르러 그곳에 머물며 좌선에 전력을 기울였다. 어느 날 "벽돌을 갈아서 거울을 만들 수 없는데, 어찌 좌선을 하여 성불할 수 있겠는가?"라는 회양懷讓의 말을 듣고서 깨달음을 얻어, 개심하여 회양을 따라 선을 배웠다. 후에 강서江西 지방 각지를 다니며 선의 가르침을 널리 전했다. 766~779년에는 홍주洪州 종릉鍾陵 개원사開元寺에 머물며 가르침을 폈는데, 각지에서 배우려는 이들이 구름처럼 모여들어 그 영향이 실로 대단했고, 마침내 홍주종洪州宗을 창립했다.

52 황산곡黃山谷 : 황정견黃庭堅(1045~1105). 중국 북송의 시인이다. 자는 노직魯直, 호는 산곡山谷 또는 부옹涪翁이며 소식 문하인의 제1인자이다. 23세에 진사에 급제했으나, 국사원國史院의 편수관이 된 이외 관리 생활은 불우했다. 소식의 시학을 계승하였

는데, 그의 시는 소식의 작품보다 더욱 내향적이었다. 소식과 함께 소황蘇黃으로 칭해져서 북송 시인의 대표적 존재가 되었다. 12세기 전반은 황정견 일파의 시풍이 세상을 풍미하였는데, 황정견이 강서 출신이었기 때문에 '강서파'라 칭해졌다.

53 공자의 말씀 : 원문은 "子曰。二三者。以我爲隱乎。吾無隱乎爾。"로, 『論語』「述而」에 나온다.

54 야보冶父 : 송宋나라 때 선사였던 야보 도천冶父道川(1127~1130). 원래 도천 스님은 군의 집방직執方職에 있다가 동재東齋의 도겸道謙 선사에게 도천道川이라는 호를 받았고, 정인 계성淨因繼成의 인가를 얻어 임제臨濟 스님의 6세손이 된다. 그는 특히 『金剛經五家解』를 통해 자기의 견해를 송으로 표현하였는데, 간결하면서도 한번에 내리치는 듯한 활구가 백미로 평가된다.

55 금문金文 : 불경을 말한다.

56 『金剛般若波羅蜜經五家解說誼』권상(H7, 24b23)에 실려 있다.

57 왕노사王老師 : 원래는 남전 보원南泉普願(748~834)을 의미한다. 마조 도일馬祖道一의 법제자. 속성은 왕王. 중국 정주鄭州 신정新鄭 사람. 757년(당나라 지덕 2) 대외산大隗山의 대혜大慧에게 업業을 받고, 30세에 숭악嵩嶽에 가서 계를 받았다. 뒤에 마조의 문에 들어가 도를 깨달았다. 795년(정원 11) 지양池陽의 남전에 선원을 짓고, 30년 동안 산에서 내려가지 않았는데 학도가 항상 모여들었다. 학인을 다루는 솜씨가 준엄하여 '남전참묘南泉斬猫'와 같은 통쾌한 공안이 있다. 여기서는 훌륭한 선지식을 가리킨다.

58 청주의 포삼 : 어떤 스님이 조주趙州에게 묻기를 "만법은 하나로 돌아가거니와, 그 하나는 어디로 돌아가는 겁니까?(萬法歸一。一歸何處。)"라고 하니, 조주가 말하기를 "내가 청주에 있을 적에 베 장삼 한 벌을 만들었더니, 그 무게가 일곱 근이더라.(我在青州。作一領布衫。重七斤。)"라고 한 화두話頭에서 온 말이다.

59 강동의 쌀값 : 학인이 청원 행사淸源行思 스님에게 "무엇이 불법의 대의大意입니까?"라고 묻자, 스님이 이르기를 "여릉廬陵의 쌀값은 얼마이더냐?"라고 대답하였다.

60 공자에 견주고 : 『論語』「八佾」에 의義 고을의 관원이, "여러분들 어찌 공자께서 관직이 없으신 것을 근심하시오? 세상이 무도無道한 지 오랜지라, 하늘이 장차 공자님으로 목탁을 삼으시려는 것이오."라고 한 말이 있는데, 목탁은 곧 정교政敎를 펼 때에 울려서 대중을 깨우치는 것이다.

61 부뚜막 귀신 타파하고 : 당나라 숭악嵩嶽의 파조타破竈墮 화상. 숭악의 혜안慧安을 섬겼으며, 호를 노안老安이라 한다. 숭악에 한 묘廟가 있었는데, 그 안에는 매우 신령스러운 부뚜막 하나만 있었고 제사가 끊이지 않아 쉴 사이 없이 수많은 생명을 죽이고 삶아 댔다. 하루는 스님이 대중을 데리고 묘에 들어가 지팡이로 부뚜막을 세 번 두드리며 "쯧쯧! 이 부뚜막은 진흙과 기왓장으로 쌓은 것. 성聖은 어디 있고 영靈은 어디서 생기기에 저렇게 생명을 삶는단 말인가?"라고 하고 다시 세 번 두드리니, 부뚜막이 무

너졌다. 그때 문득 푸른 옷에 높은 관을 쓴 사람이 와서 스님께 절하자 스님이 "누군가?"라고 물었다. 부뚜막 신(竈神)은 "나는 본래 이 묘의 부뚜막 신으로 오랫동안 업보를 받아 오다가 오늘에야 스님의 무생법문無生法門을 듣고, 이곳에서 벗어나 하늘에 나게 되었기에 감사를 드립니다."라고 하니 스님이 "이것은 네가 본래 가지고 있는 성품으로, 내가 굳이 말한 것이 아니다."라고 답하자 부뚜막 신은 두 번 절하고 사라졌다. 이 스님은 처음부터 자신의 이름을 말하지 않았으므로 후세에 파조타라 불렀다.

62 연자방아 두드렸네 : 육조 혜능六祖慧能(638~713)의 고사. 혜능은 남해南海 신흥新興 사람. 어려서 아버지를 여의고, 땔나무를 팔아 어머니를 봉양하다가, 어느 날 장터에서 『金剛經』읽는 것을 듣고 출가할 발심을 하였다. 어머니의 허락을 얻어 당나라 함형咸亨(670~674) 때 소양卲陽으로 갔다가 무진장無盡藏 비구니가 『涅槃經』독송함을 듣고 그 뜻을 요해하였으며, 뒤에 제5조 홍인弘忍에게 찾아가서 선의 깊은 뜻을 전해 받았다. 676년 남방으로 가서 교화를 펴다가 조계산에 들어가 대법을 선양하였다. 무 태후가 효화 황제의 글을 보내어 초청하였으나 병을 핑계 대고 가지 않았으며, 당 선천 2년 8월에 76세를 일기로 입적하였다. 어느 날 5조 홍인 선사께서 연자방앗간에 이르러 혜능이 곡식 찧는 것을 보고 지팡이로 연자방아를 세 번 두드렸다. 혜능이 그 뜻을 알아차리고 삼경에 찾아가니 5조께서 『金剛經』을 구수口授하시고 의발衣鉢을 전수하였다.

63 영산影山(?~1883) : 법명은 경순敬淳이며 조선 말기의 선승이다. 어려서 출가하여 전라북도 고창군 선운사禪雲寺에서 삭발하였고, 선방에서 20여 년 참선하여 선의 깊은 뜻을 체득하였다. 선운사·통도사·송광사·해인사 등지에 주석하며 명성을 떨쳤고, 두타행頭陀行을 실천하며 1일1식의 계를 지키다 전라남도 곡성군 관음사觀音寺에서 앉은 채로 입적하였다.

64 삼의三衣 : 비구가 입는 의복 세 가지. ① 승가리僧伽梨. 중의重衣·대의大衣·잡쇄의 雜碎衣라 번역. 9조條부터 25조까지 있으며, 마을이나 궁중에 들어갈 때 입는다. ② 울다라승鬱多羅僧. 상의上衣·중가의中價衣·입중의入衆衣라 번역. 7조가 있으며, 예불·독경·청강·포살布薩 등을 할 때에 입는다. ③ 안타회安陀會. 내의內衣·중숙의 中宿衣라 번역. 5조가 있으며, 절 안에서 작업할 때 또는 상床에 누울 때 입는다.

65 백파白坡 : 백파 긍선白坡亘璇(1767~1852). 12세에 고창 선운사禪雲寺의 시헌 장로詩 憲長老에게서 승려가 되고, 용문암龍門庵을 거쳐 영원암靈源庵에 이르러 상언尙彦에게 서래西來의 종지를 배우고, 구암사龜岩寺에서 회정懷情의 법통을 잇고 백양산 운문암 雲門庵에서 개당開堂하였다. 백파는 설봉雪峰의 법을 이은 사법 제자이고 퇴암退庵의 손자 제자이며, 설파 상언雪坡常彦의 증손 제자이고 호암 체정虎岩體淨의 현손玄孫 제자이다. 문인들이 선운사에 비석을 세웠으며, 비문은 추사 김정희가 지었는데, 그 전면에 "화엄종주백파대율사대기대용-지비華嚴宗主白坡大律師大機大用之碑"라 하였다.

66 용운龍雲 : 용운 처익龍雲處益(1813~1888). 당호堂號는 경암敬庵이고 속성은 이李씨이

며, 곡성谷城 석곡방石谷坊 용계龍溪에서 출생. 15세에 조계산曹溪山 송광사로 출가했으며, 17세에 남일南日 장로에게 머리를 깎고 스님이 되었다. 이어 기봉奇峯 선사에게 구족계를 받고, 제봉霽峰 선사에게 선참禪懺을 받았으며, 27세에 보봉寶峰 선사의 조실에서 향을 사르고 법통을 이어받았다. 호남 표충사 도총섭湖南表忠祠都摠攝의 관직과 영남 표충사 도총섭嶺南表忠祠都摠攝의 관직, 또 도내道內의 '도총섭' 직위까지 받아 직무를 수행했다. 대사는 봉은사奉恩寺와 해인사海印寺에서 경전을 간행하는 일을 했으며, 통도사通度寺에서는 계단戒壇을 시설하였고 태고사太古寺 중수를 하였으며, 갈래사葛來寺에 석탑 세우는 불사를 하였고 회암사檜岩寺에서는 산문의 송사를 처리하였으며, 임인壬寅, 1842년에는 송광사의 중창에 화주化主의 임무를 수행하였다.

67 욕천浴川 : 전라남도 곡성의 옛 이름이다.
68 무위無爲 : 무위 안인無爲安忍(1816~1886). 속성은 김金씨이고 청해淸海 세포細浦에서 출생하였다. 11세에 보타산補陀山으로 출가했다가 16세에 두륜산頭輪山으로 옮겨가 호의縞衣 선사의 조실에서 머리를 깎고 물들인 옷을 입고 스님이 되었다. 완해玩海 대사의 계단에서 구족계를 받고 신월信月·철선鐵船·문암聞庵·용연龍淵·화담華潭·초의草衣·인암忍庵·성담性潭·호의縞衣 등 9대 법사의 법연法筵에서 교학을 배웠다. 이어 호의 스님으로부터 법인法印을 전해 받고 초의 스님에게 대승보살계를 받았다. 스님은 호남총섭湖南摠攝의 직에 올라 표충사 수호 임무를 역임하였으며, 성담 스님과 인암 스님의 선석禪席을 물려받고 초의 스님의 다양한 기능을 배워 익혔다.
69 병인년丙寅年 : 1866년, 고종 3년.
70 세 분 대선사 : 서산 휴정西山休靜(1520~1604), 사명 유정四溟惟政(1544~1610), 기허당 영규騎虛堂靈圭(?~1592).
71 「북산이문北山移文」 : 남북조 시대 제齊나라의 주옹周顒이라는 사람이 북산에 은거하며 덕행이 있었는데, 황제가 불러 나가서 벼슬하다가 여의치 못하자, 다시 북산으로 돌아가려 하니, 그와 동지인 공치규孔稚圭라는 사람이 「北山移文」을 지어서 산은 그런 사람이 오는 것을 거절한다는 뜻을 밝혔다. 여기서는 산문을 버리고 나간 요승들이 다시 접근하지 못하도록 한 말인 듯하다.

범해선사문집 제2권
| 梵海禪師文集 第二 |

두륜산 환여 각안 지음
頭輪山 幻如覺岸 著

문향각 상량문

나라의 남쪽에서 가장 먼 곳이 당악棠岳(해남)이요, 읍의 남쪽 땅에 웅장하게 서린 것이 두륜산이다. 두 봉우리가 빼어남을 다투고, 구곡이 다투어 흘러 산이 돌아 감싸고, 골짜기가 깊으며 바위가 곧고 땅이 수승하다. 이 때문에 하늘이 동남동녀를 보내어 남미륵南彌勒·북미륵北彌勒의 자애로운 모습을 그렸고, 사람들이 고을마다 집집마다 시주를 받아 대법당과 소노전小爐殿의 건물을 지었다. 세월이 흐름에 따라 항상 건물이 오래됨을 탄식하였으나 흉년이 들어 재물이 궁핍하니 혹 공허하게 시절을 보낼 뿐이었다. 임계년에는 큰 흉년이 들어 예의의 절도가 없었으나 병정년에는 풍년이 들어 귀의할 마음이 일어났다.

이제 화주 경문敬文 상인은 훌륭한 옛 스님과 실로 버금가는 분이다. 바람이 깨진 창으로 불어오고 비가 불상에 뿌리자, 마음과 몸이 하나 되어 도모하고 자비심이 어우러져 추위와 더위를 참으며 두루 어진 무리에게 구걸하고 염치를 무릅쓰며 단월에게 하소연하였다. 마침 표충사를 옮겨 봉안하게 되어 금강동의 목재를 함께 벌목하게 되었다. 법당은 그대로 수리하여 기와를 바꾸니 어느 해의 신문信文[1]인지 알 수 없었고 노전은 옛것을 깨뜨려 새로 완성하니 상량의 기록을 볼 수 있게 되었다.

만력萬曆 무인년(1578, 선조 11)에 처음 창건하고 순치順治 모월 모일에 중

---

1) ㉘ '文二' 두 자는 편자가 보입하였다.

건하였으며 강희康熙 기사년(1689, 숙종 15)에 홍준弘俊이 세 번째 중건하였고 건륭乾隆 무자년(1768, 영조 44)에 등함等咸이 네 번째 중수하였다. 대대로 사람이 끊이지 않았으니 이 누구의 은덕인가, 천년이 하루 같고 만세가 처음과 같았도다.

정월 하순에 일을 시작하여 3월 중순에 일을 마치니 도사다都斯多(도솔천)의 내원궁內院宮이 도림桃林(우리나라)에 옮겨 왔고 아일다阿逸陁의 용화회龍華會[2]가 접역鰈域(우리나라)에 다시 빛났다. 팔방의 용상龍象(고승대덕)이 절문 앞에 폭주하였고 온 나라의 승속僧俗이 암자와 장막에서 설법을 들었다. 이에 육위六偉(여섯 수)[3]의 선송善頌을 찬하여 수포數抱(몇 아름)의 맑은 노래를 부른다.

> 어영차, 들보 동쪽으로 던져라
> 산봉우리 떠오른 해 붉게 빛나는데
> 천관산 대사봉이 이웃하여 있으니
> 불국토 범패 소리 푸른 허공에 울리네
>
> 어영차, 들보 남쪽으로 던져라
> 영주가 터럭처럼 아득히 쪽빛인데
> 푸른 바다 드넓게 펼쳐진 곳에
> 사갈라왕[4]이 아침저녁으로 참배하네
>
> 어영차, 들보 서쪽으로 던져라
> 연화세계 가는 길 미혹되지 않아
> 온 산의 승속이 부처님께 귀의하니
> 하필 동방 국토 버리고 서방 향하랴

어영차, 들보 북쪽으로 던져라
임금님 그리는 마음 언제나 풀릴까
한 번 궁궐 바라보니 아득하기만
등 걸고 세수하여 세 번 축원하네[5]

어영차, 들보 위로 던져라
자씨[6]의 위용 뉘라 우러르지 않으리
하필 미래의 회상에서 볼 것인가
애오라지 마음으로 항상 생각하네

어영차, 들보 아래로 던져라
명성이 남녘 기원정사 진동하노니
벽안의 고승 무리 의심 결단하여
능히 교화 행하고 반야를 설하누나

바라오니 상량한 후에 불법이 중흥하고 국조國祚가 편안하고 태평하소서. 사찰의 운이 열려 수달다須達多[7]의 보시의 문이 크게 열리고 스님의 풍습이 순하고 두터워져서 우바국優波毬[8]의 화주化籌(교화하는 일)가 다시 돌아오소서.

聞香閣上樑文

國之南維。邈遠者曰棠岳。邑之南地。雄盤者曰頭輪。雙峯競秀。九曲爭流。山廻洞深。巖貞地勝。是以天送童男童女。畵南彌勒北彌勒之慈容。人乞千村萬家。作大法堂小爐殿之院宇。歲去月來。每多屋老之歎。年凶財乏。或有空虛之時。壬癸大無。無禮義之節。丙丁豊有。有歸依之心。今此化主敬文上人。古德名師。實可上下者也。風射破窓。雨注聖像。心將身議。慈與悲和。忍寒暑而徧乞仁族。冒廉恥而告訴檀家。適值表忠祠之移安。共伐金剛洞之材木。法堂因葺而飜瓦。未知其何年之信文。爐殿破舊而新成。得見其上梁之記錄。萬曆戊寅初創。順治月日重建。康熙己巳弘俊三建。乾隆戊子等咸四修。世不乏人。是誰之德。千載一日。萬代如初。董役於地天之下澣。告功於澤天之中旬。覲斯多內院宮。移來於桃林。阿逸陁龍華會。重煥於鰈域。八表龍象。輻湊於寺門之前。一國白緇。聽說於菴帳之內。乃撰六偉之善頌。用唱數抱之淸歌。

兒郞偉抛梁東。峯頭杲日一輪紅。天冠大士爲隣在。佛國梵歌奏碧空。

南。瀛洲一髮渺如藍。滄溟萬里汪洋處。沙竭羅王朝暮叅。

西。蓮花世界路無迷。滿山白衲歸依佛。何必棄東向彼西。

北。拱北之心何日釋。一望宸宮渺不知。懸燈漱洗歌三祝。

上。慈氏威容誰不仰。何必當來會上看。聊將心識多時想。

下。名動南中秖桓舍。碧眼高僧衆決疑。能行轍跡談般若。

伏願上樑之後。佛法重興。國祚安泰。寺運開通。須達多之檀門大闢。僧習淳厚。優婆毱之化籌復廻。

두륜산 진불암 법당 상량문

가만히 생각건대 색금塞琴은 백제 시대의 현縣 이름이요 침명浸溟은 신라 이후 읍의 호칭이다.[9] 천문은 기성箕星과 미성尾星[10]의 분야에 나뉘어 있고 땅의 경계는 영광과 강진에 인접하였다. 남으로 큰 바다에 가까우니 신룡神龍이 창해의 명주를 바치고, 북으로 신령한 산악에 근거하니 도사道士가 곤륜산의 품은 옥을 가리킨다. 층층 봉우리가 푸르게 솟아 은하수에 닿으니 멀리 허공 밖의 두륜산이 들려오고 번찰幡刹이 높이 걸려 구름을 스치니 숲 사이 대둔사를 멀리서도 알겠도다. 산 아래를 왕래하며 터를 살펴 아도阿道 화상이 소蕭씨의 양梁나라 시대에 처음 창건하였고 나라 안을 두루 다니며 진경을 찾아 도선道詵 스님이 이李씨의 당唐나라 시대에 거듭 열었다.

진불암은 두륜산의 정맥이 겹쳐 맺힌 곳이요 대둔사의 빼어난 곳 중에 으뜸이다. 따로 뒤에 대웅전을 건립하니 갑좌甲坐·경향庚向이요, 좌우는 임병壬丙이다. 자주 음양의 소장消長을 겪으니 도현道玄[11]의 신묘한 그림은 학이 되어 날아갔고 자주 풍우가 몰아치니 곤오昆吾[12]의 기와는 반쯤 원앙이 되어 날아갔다. 어찌 거주하는 스님만 안타까워했겠는가. 또한 지나가는 나그네의 탄식을 자아내었다. 비록 어찌해 보고자 하였으나 재물과 힘이 어쩔 수 없었다.

암자에는 몇 분의 장로가 있어 무위無爲와 안인安忍은 임계년 이래로 이 암자에 거주하면서 나갈 때 반드시 돌아보고 돌아와서는 마주하여 자나 깨나 깊이 생각하였고 한 홉, 한 푼을 아끼고 거두어 시종 밝게 고하였다. 벽해碧海와 채홍采泓은 구름이 용을 따르듯 바람이 호랑이를 따르는 것처럼 서로 함께하니 서원이 지극히 크고, 어려운 일도 쉽게 괴로운 일도 달게 받아들여 일편단심이 더욱 컸다. 춘파春坡와 유찬有粲은 안으로 감독하고 밖으로 맡아서 몸과 마음이 모두 수고로웠고, 동쪽으로 눈을 치켜뜨고 서쪽으로 눈썹을 낮추어 자애로움과 위엄을 함께 썼다. 대중의 의견이 하나로 모아져 불시에 종사하게 되었고 한 푼 두 푼 모아 축적하여 경영할 날을 기약하였다. 기수祇樹[13]를 영하鈴下(고을 수령)에 청하니 묵은 과제처럼 들어 주었고, 들보 사이에 아름다운 송을 얻으니 글이 새로 지은 듯하였다.

옛 글을 보니 대강을 서술하였는데 처음 창건한 이는 빠뜨리고 없다. 강희 49년 경인년(1710, 숙종 36)에 중수하고 건륭 42년 정유년(1777, 정조 1)에 세 번째 중창하였다. 이제 을축년(1865, 고종 2) 모월 경진일에 뭇 인연들이 마음을 합쳐 만사가 뜻대로 되었다. 요선을 눌러 기둥을 지으니 교룡이 꿈틀거리고 태부太夫를 걸어 들보를 얹으니 무지개가 길게 뻗쳐 있다. 좋은 날이 이르러 몇 아름 긴 들보를 도와 올림에 나의 마음을 다 쏟아 감히 육위六偉의 짧은 송을 노래한다.

　　어영차, 들보 동쪽으로 던져라
　　만 길 두륜산에 붉은 해 떠오르니
　　험준한 강산 모두 여여부동하네
　　아축불[14]의 대신통력임을 알리로다

　　어영차, 들보 서쪽으로 던져라
　　노봉이 우뚝 솟아 하늘과 나란하니
　　연화의 불국토는 어디에 있는고
　　깨달은 이 가깝고 미혹된 자 멀도다

　　어영차, 들보 남쪽으로 던져라
　　영주가 아득히 한 점 쪽빛인데
　　노인성 반짝이며 남으로 와 비추니

무병장수의 비구가 하나, 둘, 셋

어영차, 들보 북쪽으로 던져라
바위와 구름 모두 임금의 은택 입으니
높이 올라 멀리 북궐의 미인 바라보고
다시 부처님 전에 복덕을 기도하네

어영차, 들보 위로 던져라
제천의 호법이 자주 내왕하니
중향성에서 발우의 밥 빌려와
사시공양을 항상 끊이지 않네

어영차, 들보 아래로 던져라
으뜸가는 신선세계 큰 난야에
고금에 끊이지 않는 노선객들
온 나라 산문에서 와 값을 매기네

원하오니 상량한 후에 땅의 운이 다시 열리고 하늘의 복이 다시 내려와 팔해八海의 용상이 한 법당에 회향하여 이선二禪(여래선, 조사선)을 아울러 희롱하고 시방의 단월이 삼보에 귀의하여 사사四事[15]가 길이 풍성하여지소서. 법성法性의 산중에 불일佛日이 억겁에 원만하고 옥촉玉燭(사시四時의 화기)의 빛 아래 성수聖壽가 만년을 이으소서.

頭輪山眞佛庵法堂上梁文

伏以塞琴。百濟時縣名。浸溟。新羅後邑號。天文分於箕尾。地界接於靈康。南近大洋。神龍獻滄海之明珠。北據靈岳。道士指昆山之蘊玉。層巒聳翠而磨漢。遠聞空外之輪山。幡利揭標而拂雲。遙知林間之苞寺。往來山下而相地。阿老初創於蕭梁之時。徧歷國中而採眞。詵師重關於李唐之世。眞佛庵。頭輪正幹之重結。苞寺靈秀之上頭。另建大雄殿於後。坐向甲庚。左右壬丙。屢經陰陽之消長。道玄之神畫。將化鶴飛。頻見風雨之齱驚。昆吾之陶瓦。半爲鶩去。豈惟居僧之慇迫。亦興過客之咨嗟。雖欲云爲。其奈財力。庵有二三長老。無爲安忍。壬癸以來。居此庵。出必顧。返必面。寤寐羹墻。會亦斬。分亦收。始終昭告。碧海采泓。雲從龍。風從虎。誓願極長。難可易。苦可甘。赤心益大。春坡宥槩。內也監。外也董。身心俱勞。東弩目。西低眉。慈威并用。衆口合於一口。從事不時。百金起於一金。經營有日。乞秪樹於鈴下。聽若宿題。得錦頌於梁間。文如新製。觀其舊作。著干大凡。無初創人。是所欠者。康熙四十九載庚寅重修。乾隆四十二年丁酉三羖。今則歲在乙丑月建庚辰。百緣同心。萬事如意。壓膌仙而作棟兮。連蛟龍之蜷蜷。掛太夫而爲梁兮。亘虹霓之蜿蜿。穀日是至。助擧數抱之修梁。蔬腸盡傾。敢陳六偉之短頌。

兒郞偉抛梁東。萬丈頭輪杲日紅。險阻江山皆不動。是知阿閦大神通。

西。爐峯屹立與天齊。蓮花佛國在何處。近在悟人遠在迷。

南。瀛洲一點杳如藍。老星耿耿南來照。上壽比丘一二三。

北。巖雲盡被吾君澤。登高望美宸宮遙。更向佛前祈福德。

上。諸天護法頻來往。借來鉢飯衆香城。不絶四時長供養。

下。擅名洞府大蘭若。古今不撤老禪錐。一國諸山來售賈。

伏願上梁之後。地運重闢。天福復降。八海龍象。廻向於一堂。二禪兼弄。十方擅¹⁾越。歸依於三寶。四事長豊。法性山中。佛日圓於億却。玉燭光下。聖壽延於萬年。

---

1) ㉠ '擅'은 '檀'의 오기인 듯하다.

두륜산 신건 영산전 상량문

　가만히 생각하건대 금강산金剛山(전라남도 해남군에 있는 산)이 고을을 안으니 봉래산과 월출산에 버금가고, 두륜산이 절을 둘러싸니 백두산과 두류산의 조손祖孫이로다. 다섯 현인이 아울러 태어나니 땅이 기른 웅장한 고을이요, 세 성인이 배출되니 하늘이 점지한 보방寶坊이다. 땅이 쇠잔하단 말도 요망하고 운이 쇠퇴했다는 것도 거짓인지라, 종지種智(바른 지혜)로만 알 수 있으니 육안肉眼으로 어찌 논하랴. 이 때문에 봄바람에 영혼이 교감하면 꿈결에도 불일佛日을 받들고, 여름날의 달빛에 정이 감응하면 원당願堂에서 서상瑞像(상서로운 불상)에 절을 한다. 쾌년각快年閣의 병상에서 서원을 세워 영결하였고 각월覺月의 복사服舍에서 회포를 펼쳐 잘 이루었다. 한 자리에서 마음을 펴니 모두 고개를 끄덕여서, 울창한 남녘 산에서 노나라 공수반[16]이 벌목하였다.

　대개 이 땅은 초의草衣에게서 시작되었으니 삼장三藏[17]의 부전頻硂[18]이요, 견향見香에게서 마쳤으니 감동監董의 앙규仰揆[19]로서 장춘동의 으뜸이요 두륜산의 본줄기이다. 왼쪽은 광명光明이요 오른쪽은 보련寶蓮이니 불조佛祖의 묘우廟宇가 윤환輪奐(밝고 빼어남)하고, 남극을 등지고 북궐을 향하니 군신의 위차位次가 분명하다. 6월 상순에 일을 시작하여 7월 중순에 끝마쳤다. 죽산竹山이 만대에 길이 장춘동의 세 성인이 남긴 터로 옮겨 오고, 탑영과 불광佛光은 항상 당악 다섯 현인의 발자취를 비춘다. 사가謝家의 보수寶樹[20]는 풍상을 겪으며 춤을 추고, 소씨蘇氏의 목가산木假山[21]은 세대를 지나며 우뚝 솟았다. 진나라 소나무[22]를 옮겨 높이 세우니 들보는 하늘에 걸린 무지개 같고, 촉나라 잣나무[23]를 빌려 멀리 비껴 놓으니 마룻대는 용이 허공에 꿈틀대는 듯하다. 일자日者(택일하는 사람)에게 좋은 날을 골라 마루 신에게 맑은 술을 올리고 육위의 송을 편찬하여 몇 곡의 노래를 부른다.

어영차, 들보 동쪽으로 던져라
쌍봉이 은하수에 솟아 옥빛 연꽃인데
제천의 꽃 빗속에 반야를 들으니
온갖 나무와 바위가 함께 법을 설하네

어영차, 들보 남쪽으로 던져라
고개에 오르면 암자가 한눈에 들어와
주야로 분수하고 골에 종소리 가득하니
나는 새 들짐승도 현묘한 도리 얘기하네

어영차, 들보 서쪽으로 던져라
어제로 표충이라 편액 받드니
우뚝 솟은 화산의 많은 봉우리
조회하여 불국토에 머리 조아리네

어영차, 들보 북쪽으로 던져라
경복 크게 열어 지덕을 논하고
30리 길 여정 단월의 집에
그 이름 안탑에 남극성이 빛난다

어영차, 들보 위로 던져라
삼십삼천이 자리 나누어 펼쳐지니
풍백과 우사의 일들이 많아서
비 오고 개는 변화 천태만상이라네

어영차, 들보 아래로 던져라

두 조정에 걸친 당상의 가람은
크고 넓은 집 누가 재물 희사했나
갑오년에 태어난 김광우라네

바라오니 상량한 후에 황천皇天이 복을 내리고 후토后土가 상서로움을 드러내며 조야가 태평하고 강산에 경사가 많아지이다. 구층탑 삼존불이 연화대를 여의지 않아 단월의 집에 광명을 빛내시고 열한 암자와 여덟 승방이 사상事相을 어기지 말아 범우梵宇에서 이행理行을 닦기를 원합니다.

頭輪山新建靈山殿上梁文

伏以金剛抱州。蓬萊月出之伯仲。頭輪遠寺。白頭頭流之祖孫。五賢並生。地毓之雄邑。三聖係出。天點之寶坊。地老言妖。運衰亦妄。種智可鑑。肉眼何論。是以春風魂交。奉佛日於思夢。夏月情感。揖瑞像於願堂。快年困床。立誓言而長訣。覺月服舍。擄懷抱而善成。抑爲一席抒情。四座點額。蜀山鬱鬱。魯班丁丁。蓋此地也。濫觴於草衣。三藏之頻硉。覆簀於見香。監董之仰揆。長春之領袖。頭輪之幹龍。左光明。右寶蓮。佛祖之廟宇輪奐。背南極。面北闕。君臣之位次分明。董役於天遯之上弦。竣功於地否之中浣。然而竹山萬代。全移於長春三聖之遺基。塔影佛光。長照於棠岳五賢之踵武。謝家寶樹。閱風霜而婆娑。蘇氏假山。度世代而岌嶪。寫秦松而高厭兮。虹彎天之梁兮。借蜀栢而遙橫兮。龍蜿虛之棟兮。差穀日於日者。奠淸酌於屋神。撰六偉之頌文。唱數抱之歌曲。

兒郞偉抛梁東。雙峯揷漢玉芙蓉。諸天花雨聽般若。萬木千巖善說同。

南。繾上峴頭眼入庵。朝暮焚修鐘滿壑。飛禽走獸盡玄談。

西。賜額表忠奉御題。截彼華山多少岳。□[1)]朝佛國各高低。

北。景福通開論至德。三十里程檀氏家。題名鴈塔光南極。

上。三十三天分位張。風伯雨師職事多。陰晴變化萬千狀。

下。兩朝堂上伽藍者。渠渠廈屋捨財誰。甲午懸弧金匡祐。
伏願上梁之後。皇天降福。后土呈祥。朝野太平。江山多慶。九層塔。三尊
佛。不離蓮臺。放光明於檀家。十一庵。八房寮。無違事相。修理行於梵宇。

---

1) 옙 '□'는 저본에 '回'로 되어 있다.

두륜산 시왕전 상량문

가만히 생각건대 두륜산 대둔사는 신라의 명산이요, 해남의 거찰로서 아도阿度 화상이 신안神眼으로 창건하였고 도선道詵 스님이 비술秘術로 중흥하였다. 쌍봉이 하늘을 떠받쳐 수미산須彌山과 마주하여 지속하고, 구곡이 땅을 안아 무이武夷와 함께 빛을 날린다. 북으로 신궁宸宮(궁궐)을 우러르니 천 리의 역로驛路가 길게 이어지고, 남으로 큰 바다를 바라보니 만경의 창파가 아득하다. 하늘이 사문四門을 지으니 흰 구름이 열고 닫으며 땅은 세 읍과 인접하니 청개靑蓋(사신의 수레)의 사신이 오고 간다. 네 성인의 부도는 지위地緯(지리)에 근거하여 굳게 지키고 세 스승의 묘우廟宇(사당)는 어필御筆과 나란히 신명神明하다.

『대둔지』와 『죽미서竹迷書』는 신구新舊의 사적을 기록하였고 주지의 지위와 총섭의 직책은 문무文武로 절을 수호한다. 윤금양尹琴陽과 이송파李松坡는 진불암에 읊은 시를 기재하였고 이 부사李府使와 김 아사金雅士는 법당에 성명을 기록하였다. 초의草衣와 철선鐵船의 여향餘香이 산에 가득하고 치암痴庵과 풍암豊庵의 그늘은 절을 덮었다.

상원上元의 갑자년이 다시 이르고 여덟 번째의 임신년이 다시 임하였다. 이때에 스님은 비록 적으나 지혜로운 자는 많았고 재물은 매우 고갈되었으나 모으기가 쉬웠다. 시왕전의 기와는 원앙이 되어 날아가고 벽의 춤추는 학이 떠나가서, 덥지 않은데도 바람이 항상 불고 구름이 없는데도 비가 쏟아져, 삼존三尊의 부처님이 불안한 근심이 있는 듯하고 시왕의 위의는 위엄의 기운이 없는 것 같았다.

이전에 의관誼寬, 긍률亘律, 장률仗律 등이 산과 들에 두루 구걸하여 저축하고 때를 기다리며 함께 논의하고 일을 일으켰다. 이제 각안覺岸, 장률, 심여心如 등이 두루 고을과 마을에 구하고 보합補合하여 날을 정하고 함께 일하여 협력하였다. 영하鈴下(고을 수령)에게 재목을 얻고 거처로 공장工匠을 불렀다. 성상聖像을 축원하여 옮겨 봉안하고 마루 신께 제사하여 집을 헐어 멀쩡한 것은 그대로 쓰고 썩은 것은 대신하였다.

그 옛 상량문에 이르기를 "강희康熙 39년(1700, 숙종 26) 경진 3월에 문신文信, 시찬時贊, 성호省浩가 중수하고, 옹정雍正 13년(1735, 영조 11) 을묘 5월에 운수雲水, 법명法明, 지택智澤이 세 번째 중건하였다."라고 되어 있다. 이제 정월 30일에 일을 시작하여 2월 28일에 준공하였다. 지옥문을 활짝 열고 금빛 석장을 휘둘러 전도된 사람을 구하며, 업경業鏡[24]을 높이 들고 옥홀玉笏을 놓아 마땅함을 행하였다. 하소연할 데 없는 원혼이 오도五道[25]에 나뉘어 기뻐 뛰고, 오갈 데 없는 슬픈 혼백이 팔한八寒[26]을 면하여 손뼉을 치며 노래한다. 삼계의 하늘에 갇혀 있으니 변변찮은 붓으로 빼어난 글씨를 쓰기 어렵고, 곧바로 문장을 지으니 소순蔬筍의 짧은 글을 면하기 어렵다. 좋은 날을 선택하여 아름다운 들보를 올린다.

어영차, 들보 동으로 던져라
종이 울려 밥 익으니 해가 붉은데
북암과 만일암의 여러 선화자
염불하고 간경하며 큰 공 이루네

어영차, 들보 남쪽으로 던져라
한 줄기 청산 곳곳이 암자인데
대나무 길 솔 그늘의 나그네가
시내에 세수하고 삼보에 예를 올리네

어영차, 들보 서쪽으로 던져라
대웅보전은 2층의 계단
노봉엔 불도 없이 향연이 일어

온갖 나무와 바위에 길을 잃노라

어영차, 들보 북쪽으로 던져라
멀리 도성 바라보니 어찌 갈 수 있으랴
천 리 먼 길도 지척인 듯하니
우리 임금의 교화 아는 이 많구나

어영차, 들보 위로 던져라
일월성신을 아침저녁으로 우러르니
견우직녀 한곳에 거처할 수 없어
칠석날 밝게 빛나며 은하수 향하네

어영차, 들보 아래로 던져라
점점이 장중한 것 모두 넓은 집인데
묻노라 세상의 이익 경영함 어떠한고
한없는 빈객이 수레와 말을 바치네

바라오니 상량한 뒤에 국운이 영원히 화통하고 백성의 업이 항상 즐거우며 산문이 고요하고 사찰이 편안하여지이다. 손바닥 위의 명주明珠가 남방의 죄악을 비추어 없애고 책상 위의 업경은 음부陰府(저승)의 슬픔을 비추어 나타내기를 원합니다.

頭輪山十王殿上梁文

切以頭輪山大芚寺者。新羅之名山。海南之巨刹。阿度之神眼創建。道詵之秘術重興。雙峯擎天。對須彌而齊壽。九曲抱地。與武夷而騰輝。北拱宸宮。長千里之驛路。南望瀛海。渺萬頃之蒼波。天作四門。白雲爲之開閉。地接

三邑。靑盖使之去來。四聖之浮屠。按地緯而固守。三師之廟宇。並御筆而
神明。大芚志。竹迷書。事蹟之新舊也。住持位。摠攝職。守護之武文乎。尹
琴陽。李松坡。載吟咏於眞佛。李府使。金雅士。記姓名於法堂。草衣鐵船之
餘香滿山。痴庵豐庵之殘蔭覆寺。上元甲子復到。八回壬申更臨。於是僧雖
小而智多。財甚匱而聚易。至於十王殿。瓦化鶖而飛去。壁舞鶴而騰歸。風
不暑而長吹。雨不雲而大漰。三尊之位。似有不安之愁。十王之儀。疑多無
威之氣。曾者。誼寬亘律仗律等。徧乞山野。貯蓄而待時。共論而起端。今日
覺岸仗律心如等。周求邑村。補合而定日。同事而協力。得村木於鈴下。召
工匠於扉居。祝聖像而移安。祭屋神而破屋。成之因用。朽之代新。其舊上
梁文曰。康熙卅九年庚辰三月。文信時贊省浩重修。雍正十三年乙卯五月。
雲水法明智澤三建。於是正月三十日董役。二月卄八日竣功。通開獄門。揮
金錫而救倒。高擧業鏡。放玉笏而權宜。無告怨魂兮。分五道而踴躍。留滯
悲魄兮。免八寒而抃歌。限在三天。未遑腐毫之神筆。立趣鼇臼。難逃噴筒
之短章。穀日是差。玉棟乃擧。
兒郞偉抛樑東。鍾鳴[1]飯熟日輪紅。北庵挽日諸禪子。念佛看經奏膚功。
南。一抹靑山處處庵。竹路松陰行客子。臨溪漱洗禮三三。
西。大雄寶殿二層梯。爐峯不火香烟起。萬樹千巖各自迷。
北。遙望都城何可得。千里長程咫尺如。吾君敎化時多識。
上。日月星辰朝暮仰。牛女無由一處居。照臨七夕銀河向。
下。點點重重皆廣廈。世利經營問汝[2]何。無量賓客供車馬。
伏願上樑之後。國運永通。民業長樂。山門寂靜。寺內安閒。掌上明珠。照滅
南方之罪惡。案前業鏡。光現陰府之哀憐。

---
1) ㉠ '鳴'는 '鳴'의 오기인 듯하다.　2) ㉠ '汝'는 '如'의 오기인 듯하다.

두륜산 상원암 신건 칠성전 상량문

생각건대 왕토王土의 남쪽 끝에서 임금을 받드는 신민臣民이 기쁘게 명당明堂을 받들고, 소해少海(세자)를 우러러 이에 기복祈福의 터를 여니, 경영의 신속함이 볼만하여 천년만년 동안 귀신이 아껴 두었던 땅이 한 해도 되지 않아 시운이 돌아와 열렸다. 이 산은 해현海縣에서 북쪽으로 30리 떨어진 두륜산이요, 절은 남쪽으로 천 리 멀리 영주瀛洲를 바라보는 대둔사이다.

이 절은 아도阿度 화상이 신라 진흥왕眞興王 때에 처음 창건하였고 도선道詵 국사가 신라 헌강왕憲康王 때에 중흥하였다. 정조正祖의 운장雲章과 보묵寶墨이 만고에 걸쳐 빛나며 서산西山 대사의 충훈忠勳의 기연이 천년을 전하여 놀라게 한다. 상원암에는 삼세의 부처님이 의젓하시고 우화루雨花樓엔 사방의 스님들이 불법을 강론한다. 이 암자는 백운대 아래 장춘동 위에 있으니 호암虎巖과 연담蓮潭이 여래의 선나禪那를 희롱하여 드러내고, 도솔봉 동쪽 진불암 남쪽에 있어 연파蓮坡와 철선鐵船이 문자반야를 설하였다. 사람은 가려다 멈추어 서고 새도 날아가려다 깃들이니, 그윽함으로 이름을 독점하고 상개爽塏(높고 시원함)한 터가 으뜸이다.

서울에 사는 배천白川의 후손 조붕근趙鵬根이 이 암자에 와서 계속 돌아보고 절에 앉아 말하기를 "북두칠성단을 세워 동군東君(봄의 신)에게 오복五福을 비는 것이 어떠한가."라고 하니 총섭總攝과 주지가 절을 하고 일어나 알았다고 하니 노소의 대중도 머리를 숙이고 무릎을 꿇고 앉아 좋다고 하였다. 관가에 일을 고하니 관가가 찬양하고 고을에 사유를 알리니 고을이 모두 즐거워하였다. 관과 고을이 외호外護하고 빈주賓主가 안으로 경영하니 여러 물품은 하늘에서 보낸 듯하고 재물은 시내가 흐르듯 이르렀다.

이에 집사를 나누어 정하니 바람에 쏠리듯 한뜻으로 총섭이 선발하고 주지가 담당을 정하였다. 조붕근이 교율敎律을 주관하고 화주 관준寬俊이 감독하여, 공인工人을 부르니 공인이 오고 터를 여니 터가 밝게 열렸다. 좌향坐向은 인좌신향寅坐申向이고 좌우는 임좌병향壬坐丙向이며 경좌신향庚坐申向에서 보필하고 정오방丁午方은 태양이다. 도끼가 북풍과 어울려 소리를 내고 기둥과 들보의 빛깔은 흰 눈과 함께 빛났다. 사자가 초석礎石을 밟으니 오대부五大夫 벼슬을 받은 진나라의 소나무요, 비룡이 들보를 감싸니 삼장군三將軍을 받은 한나라의 잣나무[27]다. 숭화嵩華에서 축원을 외치니[28] 고금을 생각함에 다르지 않고, 근폭芹曝의 정성을 바치니[29] 멀고 가까운 곳이 일체로다. 11월 하순에 첫 경영을 시작하여 12월 중순에 공사를 마쳤다. 공경히 좋은 날을 택하여 몇 아름 되는 긴 들보를 올리고 애써 메마른 마음을 열어 감히 육위의 짧은 송가를 노래한다.

　　어영차, 들보 동쪽으로 던져라
　　만 길 두륜산 푸른 하늘에 솟으니
　　어찌하면 여래의 사자좌를 빌려
　　우리 임금님 원당에 바칠까

　　어영차, 들보 남쪽으로 던져라
　　높은 고개 가로질러 바다 안개 막아 주니
　　영실의 신선바람 서북에서 일어나
　　조공하는 조운선의 돛에 불어오네

　　어영차, 들보 서쪽으로 던져라
　　연엽봉 머리에 초승달 낮게 뜨니
　　저 극락세계 무량수불 향하여
　　우리 저하 만년의 수를 축원하네

어영차, 들보 북쪽으로 던져라
임금님 우러르니 언제 은혜 갚을꼬
땅 가려 북두칠성단을 열었나니
향 들어 멀리 전성前星[30]의 복 축원하네

어영차, 들보 위로 던져라
칠요七曜[31]가 자리 잡아 삼연히 펼쳤는데
간청 받들고 와 새로 단을 세우니
우리 세자에게 동군의 기운 내리네

어영차, 들보 아래로 던져라
어지러운 꽃비 속에 반야를 설하니
벽 가득한 시는 조정 관리의 것
이름이 강남 선교의 절을 진동하네

바라오니 상량한 후에 불일佛日이 길이 비추어 나라가 항상 편안하며 황하가 다시 맑아 우담화가 다시 피어지이다. 높이 새 편액을 걸어 옛 숲을 빛나게 하여 대둔의 도량이 천하에 다시 무겁게 되고 한양의 기업基業의 운이 만년에 창성하소서.

頭輪山上院庵新建七星殿上梁文

伏以極南王土。拱北臣民。欣戴明堂。渴仰少海。爰開祈福之地。可觀不日之營。鬼慳於千萬年之中。運回於三百日之內。盖此山。北距海縣三十里之頭輪山。南望瀛洲一千里之大芚寺。此寺。阿度和尙。初創於羅眞興王之朝。道詵國師。重衍於羅憲康王之日。正廟朝雲章寶墨。歷萬古而騰輝。西山師忠勳機緣。傳千穮而駭矚。庵名上院。三世佛之儼然。樓稱雨花。四山師之講矣。此庵。白雲臺下。長春洞上。虎巖蓮潭。弄顯如來禪那。兜率峰東。眞佛庵南。蓮坡鐵船。演說文字般若。人欲去而延佇。鳥將飛而棲遲。旣窈窕而擅名。亦嵦嶬而居寂。京居白川后人趙鵬根。來到此庵。顧而更顧。回而復回。坐寺而言曰。建北斗七星壇。祝東君五福瑞何如。摠攝住持鞠躬而起曰諾。老少大衆。俯首而跪曰嘉。告事于官。官自贊揚。布由于鄕。鄕咸樂易。官鄕外護。賓主內營。物非天來。財似川至。於是分定執事。靡若從風。摠攝印差。住持望定。趙鵬根主管敎律。化主寬俊監董。召工工至。開基基明。坐向寅申。左右壬丙。庚申輔弼。丁午太陽。斧斤之聲。和北風而丁丁。棟梁之色。共朔雪而皎皎。行狔踏礎兮。五大夫之秦松。飛龍纏梁兮。三將軍之漢柏。嵩華呼祝兮。憶古今而不殊。芹曝獻誠兮。問遐邇而一體。經始勿亟。地雷復之下弦。竣役告功。地澤臨之中澣。敬差穀日。方擧數抱之修梁。掀倒枯腸。敢陳六偉之短頌。

兒郎偉拋梁東。萬仞頭輪聳碧空。安得借來獅子座。獻吾當宁願堂中。

南。峻嶺衡平障海嵐。瀛室仙風西北起。順吹漕運上供帆。

西。蓮葉峯頭新月低。向彼樂邦無量壽。祝吾邸下萬年齊。

北。望美何時庸報德。擇地占開北斗壇。拄香遙祝前星福。

上。七曜森羅分位張。奉請來臨新建壇。降吾世子東君旺。

下。繽紛花雨談般若。題詩滿壁儘朝官。名振江南禪敎舍。

伏願上樑之後。佛日長照。國界恒安。黃河再淸。曇花重顯。高掛新扁。光透舊林。大闡道場。價還重於八域。漢陽基業。運載昌於萬年。

『선문만어』 서

　선교 양종은 모두 세존으로부터 나온 것이다. 세존께서 49년 설하신 교는 아난阿難에게 전해졌고 49년 증득하신 선은 가섭迦葉에게 전해졌다. 가섭은 선의 주체이면서 교를 겸하였고 아난은 교의 주체이면서 선을 겸하였다. 이로써 천축의 28대 조사와 중국의 6대 조사 그리고 우리나라의 일우一愚와 백파白坡, 초의草衣도 모두 선교를 갖추었다. 선은 무설無說로 참된 설을 삼고 교는 유설有說로 참된 설을 삼는다. 이 때문에 하택荷澤[32]은 "지知라는 한 글자가 중묘衆妙의 근원이다."라고 하였고 고봉高峯[33]은 "지라는 한 글자가 중화衆禍의 문이다."라고 하였으니 역대의 여러 존숙尊宿과 천하의 노고추老古錐가 교문敎文의 해석에 정성을 다하면서도 문득 선문에서는 혀를 희롱하지 않은 것이 진실로 까닭 있는 일이다.
　우리나라는 그렇지 아니하여 자신의 뜻과 견해로 선문에서 천착하고 쓸데없는 말을 하는 자가 왕왕 많았다. 은隱 장로[34]에 이르러 출중한 재주와 덕을 지닌 바탕으로 학문은 공자孔子와 노자老子를 두루 보았고 지혜는 선교에 통달하여, 교가敎家에 힘쓰는 것은 백암栢庵 스님과 유사하고 선관禪觀에 마음을 둔 것은 각운覺雲 스님에 가까웠다. 곧 살활체용殺活體用의 설이 헤아릴 수 없었고 해석과 술작述作의 책이 수레 가득할 만큼 많았다. 초학자와 청납靑衲(승려)과 황건黃巾(야인野人)의 무리들이 훈도되어 수지 독송하고 교화를 따라 귀의하여 수긍하였으니 누가 기쁘게 우러르며 찬양하지 않겠는가.
　중부자中孚子[35]는 내외의 도학을 일관하고 고금의 서적을 섭렵하였으니 옛사람이 이른바 "명성을 피하지만 명성이 나를 따른다."고 하는 자이다. 이 때문에 은 장로가 비평한 『선문수경禪門手鏡』을 얻어 보고 그 가운데 뜻이 맞지 않은 것을 추려 변론하여 바르게 하니, 이는 바로 보는 자의 마음의 진위眞僞를 드러내어 어떻게 구하고 물리쳐야 하는가를 나타내 보인 것으로, '선문만어'라고 이름 지었다.

　나는 일찍이 선사의 문하를 좇아 그 가르침을 얻었다. 그 긴요한 말씀을 보고는 처음엔 현묘함을 알지 못하다가 하루 이틀 귀로 듣고 눈으로 보니 안개와 이슬 속을 다닌 듯 난초 밭에 들어간 듯 점차 그 윤택하고 향기로운 미묘한 뜻을 얻을 수 있었다. 또 한 통을 써서 자리 가까이 두고 머리에 서문을 써서 이 책의 유래와 본말을 알게 하였다.

　대체로 옛날의 선은 의의擬疑(생각하고 의심함)를 약으로 지해知解(알음알이)를 병으로 여겼으나 오늘날의 선은 지해를 약으로, 의의를 병으로 여기니 이는 누구의 허물인가. "아는 것을 안다 하고 모르는 것을 모른다고 하는 것이 지다."[36]라고 하는 것이 바로 『선문수경』의 지혜이다. "활을 당기기만 하고 쏘지 않아[37] 약동躍動하여 중도에 바르게 서면 능력 있는 자는 따른다는 것"은 요어要語[38]의 인引이다. 공자의 지知는 『선문수경』의 지요 맹자의 인은 요어의 인이니, 인은 본연의 선禪이요, 지는 천착하는 가르침이다. 인으로 지를 깨뜨리는 것은 그 지를 깨뜨리는 것이요, 그 사람을 깨뜨리는 것이 아니다. 공자가 중유仲由(공자의 제자인 자로子路)를 깨우치고 맹자가 공손추公孫丑(맹자의 제자)를 깨우친 것도 그러하다.

　지와 인은 우리 불가의 선과 교이다. 선교는 서천 28조사 동토 6대 조사로부터 백파와 초의에 이르기까지 사람마다 본래 구족하고 있다. 오직 선은 여러 존숙과 노고추조차도 혀를 묶고 입을 다물어 당기기만 하고 쏘지 않았다. 이제 당기고 쏘아서 표적을 맞추고 받아들이는 것을 둘 다 옳다고 하니 이 누구의 허물인가.

禪門謾語序

禪敎兩宗。皆由於世尊而流出也。世尊四十九年之說敎。傳於阿難。四十九年之證禪。傳於迦葉。迦葉禪主而兼於敎。阿難敎主而兼於禪。以之竺之四七。唐之二三。東之一愚白草。無不各具禪敎。而禪以無說爲眞說。敎以有說爲眞說。故荷澤以知之一字。爲衆妙之源。高峯以知之一字。爲衆禍之門。歷代諸尊宿。天下老古錐。拳拳疏解於敎文。而頓然不爲弄舌於禪門之上者。良有以也。我東方則不爾。自意自見。穿鑿贅談於禪門者。往往居多。而至於隱老。以出衆之才。抱德之質。學覽孔老。知達禪敎。用力敎家。彷彿於栢庵。留神禪關。庶幾於覺雲。即見殺活體用之說。竸抱斗量。疏釋述作之書。動論車載。新學初機之輩。靑衲黃巾之徒。董炙而受持讀誦。風靡而歸向點頭。孰不欣仰贊揚哉。中孚子。內外道學。一以貫之。古今諸書。囊以括之。古所謂逃名而名我隨者也。故得見隱老所評禪門手鏡。其中意義不協者。抄出辨正。此乃現示其人。人見者之心眞僞。斥敎之何如也。以之名之曰禪門謾語。吾甞從於禪師之門。得其緖餘者也。得見其要語。初未知其玄妙矣。一日二日。耳之目之。若行霧露。入芝蘭。漸得其潤香之微旨。又書諸一通以在坐右。又序其弁。以知此書之自來本末。大抵古之禪。以擬疑爲藥。以知解爲病。今之禪。以知解爲藥。以擬疑爲病。是誰之過歟。知之爲知之。不知爲不知。是知也。此乃手鏡之知也。引而不發躍如也。中道而立。能者從之。此乃要語之引也。仲氏之知。乃手鏡之知。孟氏之引。乃要語之引。引者。本然之禪。知者。穿鑿之敎。以引破知者。破其知。非破其人。孔氏之破仲由。亦然。孟氏之破公孫丑。亦然。知也引也。吾家之禪也敎也。禪敎自四七二三。至白草。人人本自具足。而惟禪諸尊宿老古錐。結舌含枚。引而不發。今乃引而發之。破之受之。兩是雙可。是誰之過歟。

『두륜당시집』 서

사람이 세상에 살아가면서 빈부수요貧富壽夭도 마침내 사라지고 없어져 후손에게는 다만 그 조상 되고 후손이 된다는 이름만 알려진다. 문장과 덕업은 천만대에 초연히 홀로 보존되어 천하에 가득 차서 사람들이 모두 그 문장과 덕업을 추앙하니 하물며 그 자손이겠는가. 목숙穆叔[39]이 이른바 "죽어도 불후不朽한 것은 입언立言이다."라고 한 것이 이것이다.

나의 증조사曾祖師의 호는 두륜 또는 명주明畫 장로라고 하시니 곧 무용無用 선사의 직전直傳 제자로 해남 화산방花山坊 석전촌石田村 사람이다. 두륜산으로 출가하여 재명才名과 덕업이 산중에서 독보적이었기 때문에 호칭한 것이다. 희암希庵 선생이 적성赤城으로 부임할 때에 스님께서 본사 사적비의 윤필潤筆 일로 누차 왕래하니 선생이 시로 송별하였는데 끝 구절에서 말하였다.

　　이번에 이별하면 훗날의 기약 아득하리니
　　전원에 가을 오면 내 또한 돌아가리라

스님의 시 끝 구절에서 말하였다.

　　도원의 골짜기 길에서 서로 송별하니
　　사군은 북으로 나는 남으로 돌아가네

당시에 또 본사의 여러 스님들에게 준 편지에 일렀다. "성性 스님은 애초부터 비문의 일에 공이 적지 않다. 게다가 심사가 간결하고 담담하니 참으로 가상하고 사랑스럽다." 또 비송에 이르기를 "구슬과 옥이 나란하듯 덕 있는 자에게 이웃이 있도다. 이에 성 스님이 있으니 이것이 바로 일

단의 행장이다."라고 하였다.

스님은 불자拂子를 들거나 마음을 관하는 여가에 대인군자와 창화한 시나 일을 짓고 공적을 기록한 글이 매우 많았으나, 문자를 여의는 것을 취지로 삼고 주착住着이 없는 것을 생활로 삼았기 때문에 남은 것이 별로 없게 되었다. 문도가 뜻을 어기고 모아서 전하게 되니 선사의 행실에 티를 더하였다. 힘쓰지 않을 것에 힘을 쓰고 할 수 있을 때에 하지 않아서 몇 대를 늦추게 되니 중간에 유실됨이 적지 않았다.

나는 말엽의 후손으로 선인의 금제禁制를 어기기 어려우나, 문자와 장구章句 사이에 뜻을 두어 부지런히 수집하여 겨우 수십 마디를 모아 후손의 안목으로 삼고, 또 권두卷頭에 서문을 실어 이 시의 내력을 알게 한다. 선사의 목소리와 모습은 아득하여 접하기 어려우나 문장과 덕업은 완연히 친히 전수받고 마주 명을 받는 듯하니 "죽어도 불후한 것은 입언이다."라고 한 말이 이런 경우이다. 또 시대에 덕을 세우고 절에 공덕을 세우며 후세에 말씀을 세우는 이 삼불후三不朽의 진영眞影이 입언 가운데 있으니 크도다.

頭輪堂詩集序

人之生世。貧割壽夭。終畢歸於泯滅澌盡。而使後孫。但傳其爲祖爲孫之名聞。文章德業千萬代。超然獨存滿天下。人皆推仰其文章德業。況其子孫乎。穆叔所謂死而不朽者。立言是也。吾曾祖師號曰頭輪。又曰明書長老。卽無用禪師之直傳也。海南花山坊石田村人也。落髮於頭輪山。才名德業。獨步於山中故號稱也。希庵先生。補外赤城時。師以本寺事蹟碑潤筆事。累次往來。先生以詩相送落句曰。此回相送前期潤。秋及田園我亦歸。師詩落句曰。相送桃源洞裡路。使君歸北我南歸。當時又贈本寺諸僧書曰。性師自初。有功於碑役不細。況其簡淡心事。極可嘉愛。又碑頌曰珠騈璧聯。其德有隣。越有性。此乃一段行裝。師堅拂觀心之暇。與大人君子唱和之詩。凡

諸作事記功之文。千言萬章。以離文字爲定¹⁾趣。無住着爲生活。故所存無
幾。門徒亦以違而集傳。盍玷於先師之行也。用力不用力。失爲可爲於可爲
之時。常稽至於奕葉中間。遺失亦爲不少。不佞末葉之末。重違先人之禁。
留意於章句之間。勤勤搜集。僅得五六十言。以爲後孫之眼目。亦序卷頭以
知此詩之來歷焉。先師之音容。邈焉難接而文章德業。完若親受而面命。死
而不朽者立言。是也。且立德於時。立功於寺。立言於後。此三不朽。影在於
立言之中。大矣哉。

---

1) ㉠ '定'은 '宗'의 오기인 듯하다.

보제회중 학계안 서

　도를 사람에게 가르치면 스승이라고 하니 스승의 도는 엄중함을 기강으로 삼는다. 지해知解를 스승으로부터 얻는 자를 제자라고 하니, 제자의 도리는 공경하고 순응함을 떳떳함으로 삼는다. 스승을 공경하고 따르는 것은 백천百川이 큰 바다로 흘러가는 것과 같고, 제자에게 엄중한 것은 큰 봉우리가 광야에 우뚝 서 있는 것과 같다. 이 때문에 공자께서 3천의 제자를 교화하였고 부처님께서는 6만 7천의 사람을 제도하신 것이다. 오늘날의 스승도 옛날의 스승과 같아 오늘날의 공자와 석가모니요, 오늘날의 제자도 옛날의 제자와 같아 오늘날의 안연顏淵과 가섭迦葉으로, 사람은 고금이 있으나 법은 고금이 없는 것이다. 유교와 불교가 대립하나 스승과 제자의 풍격은 같다. 그러나 스승 노릇하고 제자 노릇은 어렵다면 어렵고 쉽다면 쉬운 것이다.
　이제 보공普公이 구곡동 상원암 앞에 법당法幢을 세우고, 칠구지七具胝 방장문 위에 경방經榜을 게시하였다. 그 당간을 보는 자는 하늘을 날고 땅을 쓸듯 운집하고, 그 방을 들은 자는 발초첨풍撥草瞻風[40]하여 시내처럼 밀려드니, 방장이 비록 넓으나 여론은 오히려 좁게 여겼다. 이때에 오고 가는 이가 많아 대낮의 시장과 같았고 저녁에 모이고 아침에 흩어지는 것이 하늘의 별과 같았다. 혹은 서로 함께 도모하고 혹은 가까이 의론하여 말하기를 "자취를 끊어 영원히 이별하기보다는 차라리 이름을 남겨 서로 아는 것이 낫겠다."라고 하니, 말이 끝나자 아동은 춤을 추며 환희하고 친구들은 고개를 끄덕이며 찬탄하였다. 이에 네 벗을 부르니(문방사우文房四友) 네 벗이 이르고 두 글자를 쓰니 두 글자가 원만하였다. 사람마다 각각 10문을 내어 정성을 표하는 본전으로 하고 해마다 각각 5, 6의 이익을 거두어 믿음을 밝히는 이자로 하였다. 범례가 절로 정해졌으나 서문은 여전히 빠졌다.

모임에 훤暄 상인이 있는데 나와 동서의 옛 우의友誼가 있었다. 찾아와서 그 계에 대해 말하고 서문을 지어 주기를 청하였다. 나는 재주가 졸렬하다고 마다하였으나 그는 열정으로 요구하였다. 먼저 스승과 제자의 도리를 서술하고 다음에 그 계약의 일을 서술하니, 일은 비록 세상에 드문 좋은 일이나 문장은 장독 뚜껑으로나 쓸 변변찮은 글이다. 난亂(글의 끝마무리)에 말한다.

바다 넓으니 어룡이 모이고
산 깊으니 용상이 돌아온다
선창에 한 대장부가 있어
많은 사람을 제도하는구나

普濟會中學禊案序

道向人敎曰師。師道以嚴重爲綱。解從師生曰子。子導以敬順爲常。敬順於師也。若百川歸朝大海。嚴重於子也。如一峯特立廣野。是以上大人丘乙己。[1] 化三千七十士。正徧知明行足。度六萬七千人。今之師若古之師。今之仲尼牟尼。今之子如古之子。今之顔淵迦葉。人有古今。法無古今。儒佛角立。師子同風。然而師之師。子之子。難則難。易則易。于今普公。建法幢於九曲洞上院庵前。揭經榜於七俱胝方丈門上。見其幢者。騰空括地而雲集。聞其榜者。跋草瞻風而水到。方丈雖寬。物情猶隘。是時來而去。去而來。草[2]日中之市。夕而會。朝而散。如天上之星。或蹋足而謀謀。或附耳而語曰。與其絶蹤而永別。不若留名而相知。言訖。兒童舞手而歡喜。已而朋友點頭而讚歎。於是呼四友。四友至。題二字。二字圓。人各出二五文爲表誠母。年各收五六。利爲講信子。凡例自定。序文猶闕。會中有暄上人者。與我有東西舊義。來言其契言。請文其序文。我以才拙却之。彼以情熟求之。先序其師子之道。後序其契約之事。事雖曠世之好事。文乃覆瓿之短文。亂曰。海濶魚龍聚。山深象虎還。船倉一男子。普濟萬人間。

1) ㉠ '己'는 저본에는 '巳'로 되어 있다.   2) ㉡ '草'는 '若'의 오기인 듯하다.

승족보 서

　성姓이란 생生이니 이는 조祖와 부父가 상생하는 것을 말하고, 족族이란 속屬이니 그 자子와 손孫이 서로 연속됨을 말한다. 성이라고 이르면 위를 가리키고 족이라고 이르면 아래를 가리킨다. 시조로부터 아래로 백세에 이르기까지 그 방계와 별속別屬으로 각자 지파가 된 것이 수없이 많다. 혹은 나라 안과 외국에 나뉘어 있기도 하고 혹은 높은 벼슬아치나 선비, 서인이 되기도 하며 혹은 도가에 혹은 불가에 들어가기도 한다.
　백두산 꼭대기에 둘레가 800리 되는 연못이 있는데 남쪽으로 흘러 압록강이 되고 북쪽으로 흘러 송화강松花江이 되며 동북쪽으로 흘러 소하강蘇下江이 되고 동쪽으로 흘러서는 두만강이 된다. 이와 같이 산과 물이 지리지에 갖추어 기재되어 전해지는 것처럼 성과 족속도 족보에 상세하게 기록되어 전하는 것이다.
　그간 국운이 좋지 않아 인물이 흩어져 족보가 비록 존귀하나 마침내 사라지고 말았도다. 형세가 그러하니 어찌할 것인가. 유나維那 적공寂公이 말하였다. "종문의 운이 불행하여 막중한 세계世系를 요승妖僧의 손에 잃게 되어 받들어 살피지 못한 지가 지금까지 수십 년이 되었습니다. 저번에 다행히 천 리 밖에서 보고 빼앗으려 하였으나 하지 못하고 다만 종이에 옮겨 쓰고 돌아와서 다시 새 족보를 만들고 이로써 순서를 잡았습니다." 받아서 읽어 보니 시조 근계根溪 스님으로부터 녹적綠績·안훤安喧·진한進閑에 이르기까지 9세였다. 그 위는 기재하지 않았으니 상전벽해桑田碧海의 환난이 반드시 있었을 것이요 게다가 저번에 잃었다가 다시 찾았기 때문일 것이다.
　아, 인에 자리하고 의를 행하며 선에 바탕하고 경을 지녀 말하는 것은 유불을 막론하고 일상에서 처신하여 행할 바이다. 이 네 가지 미덕(仁·義·善·敬)으로 벼리를 삼아, 성에 대해 듣고 종지를 얻은 뛰어난 제자들에게 훈

계하고, 또한 일문一門의 복服이 있고 없는 자와 정이 있고 없는 노소老少
와 어린 제자들에게 고한다면, 노 공盧公의 오종五宗[41]과 소씨蘇氏의 삼봉
三峯[42]을 기약할 수 있을 것이다. 오늘날은 함께 시조의 먼 후손이 되지만
훗날에는 후손들의 방계 조상이 될 것이니 조와 부가 상생하고 자와 손이
연속하는 것이 어찌 선대의 미덕만 되겠는가.

僧族譜序

傳曰姓者生也。以此爲祖父之相生。族者屬也。而其子孫共相聯屬。謂言姓
則在上。言族則在下也。自始祖下及百世。而其旁支別屬。各自爲派者。其
數不億。或在中國外國。或爲輔相士庶。或入於道。或入於佛者。白頭山巓。
周廻八百里之潭。南流爲鴨綠江。北流爲松花江。艮流爲蘇下江。東流爲豆
滿江。若也。山水備載地誌而傳之。姓族詳載族譜而傳之。其間邦運不淑。
人物播散。詰譜雖尊且貴焉。卒歸於何有之鄕。勢也奈何。維那寂公曰。門
運不幸。莫重世係。見失於妖僧之手。未得奉審者。於今數十年矣。往者。幸
得見於千里之外。欲奪而未得。但移紙而歸。重成新譜。以此序之。受而閱
之。自始祖根溪至綠績安暄進閑。惟九世也。其上則不載。過桑患必也。況
伊番之失而得之者哉。噫。席仁而坐。杖義而行。枕善而臥。佩敬而言。毋論
儒釋。一家之日用行身處也。以此四美爲宗綱。敎訓於性聞得宗之輩。又告
於一門有服無服情存情盡之老少冠童。則盧公之五宗。蘇氏三峯。可期。今
日同爲鼻祖之遠孫。後日同爲耳孫之傍祖。祖父之相生。子孫之聯屬。豈可
專美於先代哉。

『제서명수』서

대저 백공百工은 반드시 배워서 능하게 되는데 배워서 능하게 되는 것 중 가장 어려운 것이 글씨이다. 능력이란 하늘에 있으니 하늘을 가히 기필할 수 있겠는가. 지혜롭거나 어리석음을 막론하고 처음엔 널리 볼 수 없다. 나 또한 우물에 앉은 자이니 어찌 하늘의 큼을 논할 수 있겠는가. 외람되게 선사先師의 강석에 참석하여 다시 와서 앉은 지 20년이 되었다. 여러 책 중에서 이름·숫자·방위·과목 등 약간의 조례를 선택하여 '제서명수諸書名數'라 이름하고 초학자에게 보인다. 초학자에게 보인 것은 무엇 때문인가. 재주는 있으나 세勢가 부족한 자도 있고 세는 충분하나 재주가 부족한 자도 있으니, 모두 뜻과 바람은 크지만 역량이 적은 자라, 어찌 널리 보는 경지에 이를 수 있겠는가. 비록 널리 볼 수는 없으나 이 책을 본다면 보지도 않고 그만두는 것보다는 오히려 낫지 않겠는가.

아! 능히 배울 수 있는 자질로 배울 수 없는 지경에 빠진 자는 하늘을 거만히 여기는 자이니 내 어찌 관여하랴. 이러한 것도 저 눈 높은 이의 분수에는 '납월臘月(섣달)의 부채'⁴³와 같으리라.

諸書名數序

盖百工必學而能。學而能中。最所難能者書也。能乃在天。天可必乎。毋論智愚。初未博見。予亦坐井者也。何論天大也。濫忝於先師講榻。重來坐二十年。前侍者僧之句也。¹⁾ 擇於諸書中名數位目若干條例。名曰諸書名數。以示初學。以示初學者。何。有才而勢不足者。有勢足而才不足者。皆志願大而力量少者也。豈至博見之地耶。雖不博見。見此。不有²⁾愈於不見而止者乎。噫。有能學之資。而溺於不能學之境。慢天者也。吾何預焉。此彼高眼人分上。一似臘月扇。

---

1) ㉠'前侍者僧之句也'는 잘못 삽입된 구인 듯하다. 2) ㉠'有'는 '猶'의 오기인 듯하다.

서씨 동족계안 서

대저 족속은 멀고 가까움이 있고 묘墓는 선후가 있으나, 시조의 입장에서 보면 족속과 묘는 모두 멀고 또한 먼저인 것이요, 지파支派의 관점에서 보면 족속과 묘는 모두 가깝고 뒤가 되는 것이다. 먼 조상과 그 묘는 많은 자손이 모두 받들어 모시니 말할 것이 없다. 두세 곳에 있는 가까운 묘는 그 시대로 논하면 3, 4대요, 그 촌수로 논한다면 7, 8촌이다. 7, 8촌 이하는 함께 3, 4대의 묘역에서 성묘를 하나, 성묘하는 날에 묘 앞에서 전작奠酌하는 일과 함께 모인 존장 앞에 술잔을 받드는 일이 없이, 다만 만나고 흩어지니 매우 이치에 맞지 않았다.

이 때문에 사람마다 각각 30문을 거두어 벌초계伐草契를 만들어 인명을 나열하고 유사를 정하여 감찰하게 하고, 때를 따라 믿음을 도모하여 성묘할 때에 술잔을 올리고 음식을 갖추도록 하였다. 규약을 어기거나 재물을 범한 자가 있거든 구분口分⁴⁴을 모아서 매를 때리게 하였다. 이러한 죄를 짓고도 천지 사이에 선다면 도깨비가 길가에서 야유할 것이고 강보에 있는 아이도 영전에서 입을 비죽거릴 것이니 어찌 부끄럽지 않겠는가.

徐氏同族契案序

夫族有遠近。墓有先後。自始祖觀之。族與墓。皆遠且先矣。自支派觀之。則族與墓。皆近且後矣。遠祖與墓。多少子孫。咸皆奉侍。專恃不論。[1] 而近墓在二三處。論其代則三四代。計其寸則七八寸也。七八寸以下。同省墓於三四代墓域。而省墓之日。無奠酌於墓前。及擧杯於同會尊長前之物。惟會而散。甚無謂。故人各出三十文。作伐草契。列人名。定有司。互相監察。隨時講信。爲省墓之時。致奠與飮具。若有違約犯財者。集其口分。賜其手杖。有此罪案。而立於天壤之間。魍魎之鬼。揶揄於路上。襁褓之兒。反脣於要前。盍愧。

---

1) 옙 '專恃不論'은 잘못 삽입된 구인 듯하다.

인기 상포계안 서

계契라는 것은 합合이니, 합에는 두 가지 뜻이 있다. 첫째는 계를 만드는 사람이 성명이 각각 다르나 마음은 서로 믿음으로 계합함이니 대소大小 형제를 일컫는 것이다. 둘째는 계를 만드는 물품이 돈이나 곡식으로 비록 다르지만 그 물품은 서로 합해지는 것이니 본전과 이자를 일컫는 것이다.

아아, 부모의 수명은 100년 밖에 다시 100년을 더하더라도 자식의 마음에 오히려 부족하다고 여기니, 하물며 그 사이에 수요壽夭의 장단이 가지런하지 않아서 아침에 저녁을 도모하지 못하며 저녁에 아침을 보전하지 못함이겠는가. (상중喪中의) 처음과 끝의 절차가 매우 곤궁하고 급박하기 때문에 우리 4, 5인은 마음과 재물을 합쳐서 상포계喪布契를 만들어 뜻밖의 곤궁함을 면하고자 한다.

천지와 부모는 이름은 비록 다르지만 이치는 다르지 않아서 효자의 마음을 천지가 감응하고 천지가 감응하면 부모가 감응하는 것이다. 이 때문에 설순雪笋[45]과 빙어氷魚[46]는 물과 육지에서 감응하였고 매자埋子[47]와 각목刻木[48]은 흙과 나무가 감응한 것이니 효도가 천지를 감응하는 것이 이에 가상한 것이다. 또한 세존께서는 정반왕淨飯王의 상여를 들었고 목련존자는 청녀靑女의 전도됨을 구해 주었으니[49] 내 홀로 그렇지 아니할 것인가. 한 자의 베와 한 관의 동전도 하늘이 이미 알고 땅이 이미 증거하니, 순응하면 복이 있을 것이요 거역하면 화가 있을 것이다. 화복의 사이에 항상 계합의 두 가지 뜻을 돌아보고 처음과 같이 끝을 삼간다면 하필 증자曾子의 『효경孝經』[50]을 강론하겠는가. 우리도 또한 그렇게 되리라.

仁基喪布契案序

夫契者合也。合有二義。一者。作契之人。姓名各別。信心契合。大兄小弟之謂也。二者。作契之物。錢穀雖殊。物體契合。本母利子之謂也。吁。父母之壽百年之外。更加百年。子之心。猶有不足。況其間壽短不齊。朝不謀夕。夕不保朝哉。初終一節。甚可窘迫。故惟我四五人。心合財合。乃作喪布之契。以免不時之窘焉。天地與父母。名雖異稱。理無異轍。孝子之心。天地感應。天地感應。即父母感應。故雪笋氷魚。水陸之應。埋子刻木。土木之應。孝感天地。於斯可尙也。且世尊羿[1]淨飯之輿。目連救。靑女之倒。吾獨不哉。一尺布。一貫錢。天已知之。地已證之。順之有福。逆之有禍。禍福之間。每顧契合二義。愼終如始。則何必講曾子之孝經哉。我亦爾夫。

1) ㉘'羿'는 '昇'의 오기인 듯하다.

『동시만선』서

내문乃文이 말하기를 "독서는 구업口業(입으로 짓는 일)이고 글씨는 손의 솜씨고 시율詩律은 성정性情입니다. 나는 독서하고 글씨 쓰는 여가에 성정을 아울러 배우려고 합니다."라고 하였다. 나는 고금의 여러 현인들의 시율로써 발분하고 생각하여 지은 것 중 수려한 것들을 선택하여 뽑아서 보여 주며 말하였다. "나는 어려서부터 서전西典(불경)에 유영游泳하여 동학東學은 오히려 마음에 두지 않았으니 어찌 입으로 전할 수 있겠는가. 또한 수신修身 제가齊家 치국治國 평천하平天下는 대학大學의 도인데, 스스로 제가할 겨를도 없으면서 다른 학술을 배우고자 한다면 가까운 것을 버리고 먼 것만을 취하는 잘못된 계책과 같다. 그대는 나에게 무엇을 바라는가. 만약 시를 배우고자 한다면 동인東人의 시를 배우는 것으로도 충분할 것이다." 내문이 "그렇습니다."라고 하였다.

임금과 신하, 사대부와 서인으로부터 은자와 출가한 자의 풍요風謠와 장구章句에 이르기까지 315수를 모아서 수록하고 종류에 따라 조목을 만들어서 세 편을 이루고 1책으로 합쳐 '동시만선東詩漫選'이라고 이름 지었다. 그 가운데에 친히 본 것은 의심할 것이 없지만 전해 들은 것은 제목과 저자의 성명을 잘못 기록한 것이 반드시 많을 것이니 이것은 바로 나의 견문이 좁기 때문이다. 또 존비와 귀천의 구분이 없이 섞어 놓았으나 책을 열고 읽어 본다면 저절로 존비가 구분될 것이다. 아아, 청하는 처음과 허락하는 끝이 모두 괴이하고 기특하니, 여기서 이야기하면서 성정을 배우려고 하는 것은 도리어 입으로 책을 읽고 손으로 그림을 그리는 것보다 못할까 걱정이다.

東詩漫選序

乃文曰。讀書口業。書寫手巧。詩律性情。吾欲口手之暇。兼學性情。擇其古今諸賢詩律之發憤激慮之秀麗者。而示之曰。予自少。游泳於西典。東學尙未措懷。安可口傳耶。且脩身齊家治國平天下。大學之道。而自齊未暇。欲學他術。如捨近取遠之失計也。然君欲吾何。若志學。學東詩足也。文曰然。自君臣士庶。至於隱人逃禪之風謠章句。雜集收錄三百一十五首。逐類條目。乃成三篇。合爲一册。命顔曰東詩漫選。其中親見者無疑。而流聞者拈題。與逃人名氏。誤筆必多。此乃管見井坐之所致也。且不分尊卑貴賤。錯互紊差。開卷寓目。自分尊卑無妨矣。吁。請之之始。許之之終。盡是雙恠雙奇。得談在此。欲學性情。反不如口分句讀。手工點畵之爲愈也。

『통감사기』 서

『통감』[51]이라는 책은 본디 음과 해석이 갖추어 있는데 난해한 곳에 이르러서는 구두점 이해도 어렵다. 내가 요옹寥翁 이 선생께 가서 물어보았더니 요옹이 말하였다. "한번 『강목綱目』을 보게." 내가 말하였다. "『강목』을 얻기 어려운 것은 난해한 구두句讀보다 더합니다." 요옹이 말하였다. "자네가 보고자 한다면 내가 보내 주리라." 얼마 후에 집안의 심부름꾼을 시켜 한 질 76권을 3차에 걸쳐 보내 주고 또 말하였다. "쭉 읽어 보는 때에 의심나고 중요한 곳은 초록抄錄하여 잊을 것을 대비하도록 하라." 내가 말하였다. "알겠습니다."

함풍咸豊 말부터 동치同治 초까지 보고 초록하여 대략 1권의 책을 만들어 이것을 『통감』의 기준으로 삼았다. 『통감』의 원주原注와 두주頭注와 장하주章下注는 모두 이 『강목』의 큰 글과 주注이다. 비록 초록하는 수고로움은 있었으나 긴요하지 않은 것이 중복 기록된 것은 그 부분을 삭제하고 중복 기록되지 않은 것만 써서 기록한 것도 또한 적지 않다. 『통감』 15권의 목록을 나열하여 본문에 3, 4글자의 수로 표제하고 그 표제 아래에 곧바로 기록하였으니, 『통감』 제1권은 진晉나라 시대가 되고 치세가 된다고 말한 것과 같은 것이다. 제15권 주령酒令이라는 것은 명령을 행하여 술을 마신다는 것이다.

인용문의 맥락이 번다하여 한 번 보고 이해하기 어려운 것은 대의만을 간추려서 '평왈評曰' 자를 두었다. 예컨대 『통감』에서 "궁인宮人과 가까운 시종들을 쓰라."라고 운운하는 부분에서 "평왈. 궁인이 연淵을 모셔다가 협박하려고 하니 연이 속히 병사를 일으켰다."라고 한 것이 이것이다. 현토懸吐가 한번 잘못되어 계속 풀이를 잘못한 것은 구절을 끊고 토를 달았다. 예컨대 『통감』 제3권에 "내가 유독 염파廉頗와 이목李牧을 얻어서 장수를 삼는다면 내 어찌 흉노匈奴를 근심하겠는가."[52]라고 한 부분과 제12권에 "안녹산安祿山에 대하여 범양范陽 절도사 예부 상서 석건후席建侯가 하북 출척사河北黜陟使가 되어 안녹산이 공정하고 정직하다고 칭찬하니 이로 말미암아 안녹산에 대한 총애가 더욱 견고하게 되었다."라고 한 부분이 이것이다.

또 제왕의 역대와 참칭僭稱한 연대를 붙여서 요옹에게 주니 요옹이 보고 인정하여 잘 보관하기를 부촉하니 말씀대로 보관하였다. 요옹은 나의 유학 선생으로【송정松汀에 거주한다.】유림의 군자이시다. 나를 아끼는 것이 구공歐公과 혜근惠勤처럼 경중이 없다. 서문은 나의 책을 위해서 쓴 것이 아니고 이 선생을 위해서 감히 단다.

通鑑私記序

通鑑一書。本具音釋。至於斬絶處。難解句讀。予往問於寥翁李夫子。翁曰一覽綱目。曰得綱目之難。甚於難解句讀。翁曰汝欲覽。我將送矣。久之。使家伻一帙七十六卷。三次負送。且謂曰歷覽次。疑處要處。抄錄以備遺忘之具。曰諾。咸豐末同治初。覽之抄之。約幾一卷以之準鑑。鑑之元注及頭注章下注。全是目之大文及注也。雖有抄出之勞。重錄不繁。削其重錄者。筆於不重錄者而錄之。此亦不少。列通鑑十五卷目。標本文三四字數。直錄其標下。如曰鑑第一卷爲晉爲治也。第十五卷酒令者。行令而飮酒也。是也。引文連脉煩多。一見難通者。撮其大義。置評曰字。如曰用宮人私侍云云。評曰宮人侍淵欲劫。淵速發兵也。是也。懸吐一誤。輾轉誤訓者。折句示吐。如曰三卷。吾獨不得廉頗李牧爲將。吾豈憂匈奴哉。十二卷以安祿山兼范陽節度使禮部尙書席建候爲河北黜陟使。稱祿山公直。由是祿山之寵盆固矣。是也。且附帝王歷代及僭稱年代。呈翁。翁見而許之。囑而藏之。依而藏之。翁岸之儒學夫子也【居汀松】。儒林之君子。見愛之。因與歐公惠勤。曾無輕重。序非爲書。爲李夫子。而敢序云爾。

수보살계 계안 서

살피건대 율律에는 5부部가 있으니 첫째는 담무덕曇無德,[53] 둘째는 살바다薩婆多,[54] 셋째는 가섭유迦葉遺,[55] 넷째는 미사색彌沙塞,[56] 다섯째는 바차부라婆蹉富羅[57]이다. 이 『범망경梵網經』은 곧 5부 중에 제3부이다. 경에는 삼중三重이 있으니 첫째, 노사나盧舍那 부처는 능설能說의 주체가 되고 천의 대大 화석가化釋迦는 듣는 대중이 된다. 둘째, 천의 석가는 능설의 주체가 되고 백억의 소小 화석가는 듣는 대중이 된다. 셋째, 백억의 석가는 능설의 주체가 되고 제 보살은 듣는 대중이 된다.

이 보살계는 『범망경』 112권 61품 중 삼중의 제3이다. 이 경은 삼세의 제불이 이미 설하셨으며 이제 설하시고 장차 설하실 것이며, 보살이 이미 배웠고 이제 배우며 장차 배울 것이다. 석가로부터 보리달마菩提達摩에 이르기까지 서천 28세가 되고 달마로부터 혜능慧能에 이르기까지가 중국의 직전直傳 6세가 된다. 혜능으로부터 석옥石屋에 이르기까지 중화로부터 방전傍傳 23세가 되고, 석옥으로부터 나에게 이르기까지 동국 16세가 되니 도합 73세이다. 칠차七遮[58]의 나머지로 다만 스승의 말을 이해하는 자는 모두 수계受戒할 수 있다.

나와 여러 비구들은 초의 삼장草衣三藏에게 수계하였고 또한 여러 비구들을 위하여 읊조려 전하노니 이제 여러 비구들은 또한 다른 비구들에게 전하여, 미래까지 전하여 끊어지지 않게 하면 다만 삼세에 설하고 배울 뿐만 아니라 십세十世에도 설하고 들을 것이다. 계契의 부지런하고 게으름은 내가 논하지 않겠다.

受菩薩戒契案序

詳夫律有五部。一曇無德。二薩婆多。三迦葉遺。四彌沙塞。五婆蹉富羅。此梵網經。即五部中之第三部也。經有三重。一盧舍那爲能說之主。千大化釋迦爲所聽之衆。二千釋迦爲能說之主。百億小化釋迦爲所聽之衆。三百億釋迦爲能說之主。諸菩薩爲所聽之衆。此菩薩戒。即梵綱經一百一十二卷六十一品中三重之第三也。盖此經。三世諸佛。已說今說當說。菩薩已學今學當學。自釋迦至菩提達摩。爲西天二十八世。自達摩至慧能。爲中國直傳六世。自慧能至石屋。爲中華傍傳二十三世。自石屋至不侫。爲東國十六世。合七十三世也。以七遮之餘。但解師語者。盡可受其戒焉。予與諸比丘。求受於草衣三藏。亦爲諸比丘。誦傳於諸比丘。今諸比丘。又傳於他比丘。傳之未來。其跡不絶。非惟三世說學。抑爲十世說聽也。契之勤慢。吾所不論。

고진불 사맹불량안 서

거문고에는 아양峨洋[59]의 오묘한 음이 있지만 손가락이 아니면 나타날 수 없고, 퉁소는 봉황의 높은 곡조를 갖추었지만 입술이 아니면 드러나지 않으며, 사람은 현능한 덕성을 품고 있어도 혀가 아니면 말할 수 없다. 이로써 손가락을 대면 음이 나타나고 입술을 불면 소리가 드러나며 혀를 움직이면 말이 되나니 오묘하도다. 거문고와 퉁소와 사람이 본래 순원純元의 본체를 갖추고 있지만 손가락과 입술, 혀의 순환하는 쓰임이 아니면 어찌 훌륭하게 나타낼 수 있겠는가.

두륜산 고진불암古眞佛庵은 산의 요충지요, 스님과 세인이 귀의하는 곳이나, 단나檀那가 시종여일한 믿음이 없고 승가僧伽는 마음에 품은 욕망이 많아서 거의 향화를 올리지 않는 지경에 이르게 되었다. 산인山人 춘파春坡와 유찬有粲이 기쁘게 거처하면서 옛사람의 자취를 밟고 곧고 바르게 옛 철인哲人의 약속을 준수하였다. 가만히 경계의 길을 다스려 약간의 수고로움을 행하고 단월의 집에 구걸하여 약간의 재물을 얻었다. 본래 있던 물품으로 일상생활의 공양을 행하고 새로 얻은 재물로는 사맹월四孟月(1, 4, 7, 10월)을 위해 공양을 행하였다.

자례子禮 스님이 이미 공양을 마치고 종을 울려 향화를 행하는 뜻을 세우고 발원하여 나에게 일을 묻자 내가 착하게 여기고, 나에게 서문을 요청하자 승낙하였다. 평하여 말한다. 재물을 베푸는 군자는 부처님께 수복壽福을 얻고, 시주를 권하는 화사化士는 군자에게 공덕을 이룬다. 단나는 거문고·퉁소·사람과 같고 화사는 손가락·입술·혀와 같다. 화사가 단문檀門을 이끌고 권면한 후에 단문을 크게 열어 탐욕을 제거하고 법재法財를 구족하면 오늘날의 수달 장자須達長者가 될 것이요, 미래의 다보여래多寶如來[60]가 될 것이다. 이로써 말하자면 권면한 후에 재물을 베풀고 재물을 베푼 후에 공양하는 것은 화사의 공용功用이니 손가락에 견주어 단나의 아래에 붙이고, 재주財主의 공덕의 본체는 거문고에 비견되니 화사의 위에 붙이고, '사맹불량안'이라고 명명하여 그 아름다운 이름을 다음에 쓴다.

古眞佛四孟佛粮案序

琴有峨洋之妙音。而非指不發。簫具鳳凰之高調。而非脣不生。人抱賢能之德性。而非舌不言。是以按指則音。吹脣則聲。掉舌則言。妙哉。琴簫人。本具純元之體。非指脣舌循環之用。何以絶唱哉。頭輪山古眞佛庵者。一山之喉襟。緇白之歸依。檀那無始終如一之信。僧伽有含情未發之欲。幾至曠闕香火之境矣。山人春坡宥粲。怡然自居。踐古人之踵武。較若畫一。遵前哲之約束。坐治界道。費若干勞。行乞檀家。得若干財。本所在物。爲日用行供。新所得財。爲四孟行供。子禮已供。鳴鐘行香之意。立志發願。問事於予。予曰善。請序於予。予曰諾。評曰。施物君子。得壽福於佛。勸物化士。成功德於君子。如檀那琴簫人。如化士指脣舌。化士引勸檀門以後。檀門大開。破除慳貪。法財其足。現爲須達長者。當作多寶如來。以此言之。勸後施財。施後設供。化士之功用。比之於指。而附之於檀那之下。財主之功體。比之於琴。而附之於化士之上。命名曰四孟佛粮案。列其芳啣于左。

『진불암지』서

진불암眞佛庵은 대둔사大芚寺 안쪽에 있으니 곧 대둔사의 진불암이다. 진불眞佛은 심불心佛에 대해서 진불이 되는 것이니, 심불은 가불假佛이요 본불本佛은 진불이다. 진불암의 터는 험하면서 그윽하며 암자의 제도는 크게 탁 트이고 윤환輪奐(빛나고 아름다움)하다. 암자의 스님들은 조용하고 적정寂靜하니 진실로 도를 증득하고 깨달음을 찾는 큰 도량이다.

위에는 법당과 노전당爐殿堂이 있어 16응진應眞과 10대 제자를 봉안하였다. 전각에는 한 사람의 분수焚修하는 사리闍梨(승려)가 있다. 먼저 세워졌기 때문에 고진불암이라고 한다. 아래에는 법당과 큰방이 있는데, 법당에는 삼세의 여래와 10대 명왕이 모셔져 있고, 방에는 큰 강석講席이 개설되어 벽안碧眼의 고덕高德과 푸른 옷의 납자가 한없이 왕복하는데 뒤에 건립되었기 때문에 신진불암이라고 하니, 위아래를 합쳐서 진불암이라고 한다.

위아래에 각각 옛 기문이 있으나 해가 오래되어 좀먹고 글자와 줄이 그릇되고 파여서 옛 자취가 참모습을 잃어서 보아도 분명하지 않다. 또 기문과 제영題詠은 각판이 깨지고 떨어져 어지럽게 흩어져서 남은 것이 없다. 무위無爲 사형이 아우인 나에게 수록하기를 원하였다. 내가 형의 부탁에 따라 편집하니 훈지塤箎[61]가 창화唱和하고 척령鶺鴒[62]이 협동하는 격이었다. 두 권을 집성하여 한 부는 사형이 해남 김미방金米舫의 가숙家塾에 가서 청하여 써서 본 암자에 소장하고, 다른 한 부는 내가 스스로 지니고 옥주沃州 첨찰산尖察山에서 우거寓居하고 있었는데, 상주尙州의 수사秀士 이침산李枕山이 마침 내가 사는 곳으로 방문해 필사하여 스스로 소장하기를 청하였으니 이는 세월이 흘러 없어질까 우려해서이다.

큰절에는 두 사적이 있는데 하나는 『죽미기竹迷記』로 중관자中觀子가 손수 기록한 한 권으로 이미 판각에 들어갔고, 두 번째는 『대둔지大芚志』인데 정약용의 윤필潤筆이다. 『만일암지挽日庵志』도 있는데 정약용이 옛 기록을 따라서 거듭 부연한 것이다. 본 암자에는 원래 이루어진 책자가 없었는데 오늘날 비로소 암지庵志를 지었으니, 바라건대 훗날에도 오늘날을 이어서 이 암지를 인하여 닦아 이룬다면, 비록 어떤 시대라도 선인先人의 기연을 실추시키지 않을 것이다. 그리하면 후인들이 오늘날을 보는 것이 오늘날 사람들이 옛날을 보는 것보다 나을 것이다.

眞佛庵志序

眞佛庵者。在於大芚寺之內。即大芚寺之眞佛庵也。眞佛者。對心佛而爲眞佛也。心佛假佛也。本佛眞佛也。庵之基。崎嶇而窈窕。庵之制。宏敞而輪奐。庵之人。咻咶而寂靜。眞證道覓佛之大道場也。上有法堂與爐殿堂。安十六應眞與十大弟子。殿有一箇焚修闍梨。先建故曰古眞佛。下有法堂與大房堂。妥三世如來與十大冥王。房設大講肆。碧眼高德。靑衣衲子。往復無際。後建。故曰新眞佛。上下合名眞佛庵也。上下各有古記。年久蠹蝕。字行譌泐。古跡失眞。目之無明。且記文與題詠。刻板破落。狼藉無餘。無爲兄師。顧弟收錄。予應兄編集。塤箎唱和。鶺鴒叶同。集成二号。一本阿兄。往請于海南金米舫家塾。書藏本庵。一本予自持。而僑居於沃州尖察山。尙州秀士李枕山。適訪弊局。請筆自藏。此堅舟滄桑之慮也。大寺有二事蹟。一曰竹迷記。中觀子手記一卷。已入刻。二曰大芚志。丁洌水閏筆。挽日庵有志。丁洌水因古記而重衍者也。本庵本無成册。今者始作庵志。庶幾後來繼今者。因此修成。則雖何代不墜先機矣。即後人見今。愈於今人見古哉。

윤자계안 서

계戒라는 것은 금한다는 것이니 장차 그러하기 전에 금하는 것이다. 율律이라는 것은 다스린다는 것이니 사건이 일어난 후에 다스리는 것이다. 여섯 무리의 비구가 죄를 범한 후에 250개의 계를 설하여 후인들을 분명히 다스리는 것은 라후라羅睺羅[63] 사미가 죄를 범하기 전에 십계를 주어서 후배들을 금하는 것만 같지 못하다. 오계·팔계·십계는 모두 사미계라고 하는데 오계가 근본이 된다. 십계·사십팔계·이백오십계는 모두 비구계라고 하는데 십계가 근본이 된다. 펼치면 8만의 계율이요, 합하면 삼업三業(身·口·意)이 되니 펼치고 합하는 것은 비록 다르지만 금하고 다스리는 것은 하나이니 이로써 오계는 모든 행실의 으뜸이 되는 것이다.

그러나 계율을 받고도 범하며 나아가다가 물러나면 그 죄가 그대로 남아 있고, 계율을 받아서 전하고 지녀서 행하면 그 복이 있는 것이다. 내가 윤潤으로써 이름을 준 것은 선근善根을 윤택하게 하여 발현시키고 영원히 너의 무리에게 선을 주어서 제76대를 더욱 번창하게 하려는 뜻이다. 항렬의 다소와 계약의 진위는 내가 논할 겨를이 없다. 미리 막고 이미 그러한 이후에 잘 다스리는 것은 내가 바라는 바이니 행여 소홀히 하지 말지어다.

潤字契案序

戒者。禁也。禁於將然之前。律者。治也。治於已然之後。六群比丘。犯罪之後。設二百五十之律。明治後人。不如羅睺羅沙彌犯罪之前。授一十之戒。防禁後輩。五戒八戒十戒。皆名沙彌之戒。而五戒爲本。十戒四十八戒二百五十戒。皆名比丘之戒。而十戒爲本。開之則八萬。合之則三業。開合雖殊。禁治惟一。是以五戒爲諸行之首哉。然受而犯之。進而退之。其罪如在。受之而傳。持之而行。其福如在。吾以潤與名者。潤發善根。永錫其類。

益昌第七十六代之意也。行列之多小。契約之眞贗。吾不暇論。禁其將然。治其已然。吾近望之。幸勿以忽。

자설혜자계안 서

살殺·도盜·음婬·망妄·주酒는 석씨의 오계五戒이다. 인仁·의義·예禮·지智·신信은 유가의 오상五常이다. 오상과 오계는 이름은 다르나 뜻은 같다. 무릇 지혜가 있는 자는 말하지 않아도 스스로 알지만 애써 입으로 말하는 것은 옛날의 성인과 오늘날의 성인이 받아서 전한 떳떳한 도리이기 때문이다.

나도 또한 하의荷衣 선사에게 받았고 하의 선사는 완호玩虎 조사에게 받았다. 나 또한 너희들에게 전하노니 너희들도 제자들에게 전한다면 억만 년을 전하여 끊어지지 않을 것이다. 성性이란 것은 계戒요, 정正이라는 것은 정定이요, 혜慧라는 것은 혜慧이니 실제로는 계정혜戒定慧의 삼학을 가리킨다. 성性·혜慧·정正 세 글자로 이름을 지은 것은 너희들이 반드시 삼학으로써 삼한의 사찰에 이름을 날리기를 바라는 것이다.

사형은 복엄福嚴이란 이름을 병인년(1866, 고종 3) 겨울에 그 제자에게 주고, 사제는 혜엄慧嚴이란 이름을 정묘년(1867, 고종 4) 겨울에 나의 제자에게 전수하였으니, 이것이 선가에서 말하는 복과 혜를 쌍운雙運하는 진전眞詮이다. 어느 때건 어느 곳이든지 이름을 돌아보고 의를 생각하여 이름을 지어 준 깊은 기연을 저버리지 않는다면, 어찌 부처님 없는 세상에 태어난 것을 근심하며 공자 없는 나라에 태어난 것을 근심할 것인가.

아, 전곡錢穀을 다투는 것은 오랑캐의 풍습이니 만약 이익만을 좋아하는 자가 있다면 벌로 몽둥이 30대를 쳐서 칠불암 아자방亞字房으로 보낼 것이요, 계율만을 좋아하는 자도 30대를 쳐서 통도사通度寺 정자각丁字閣으로 보낼 것이다. 나는 주장자를 들었다. 니聻!

自說慧字契案序

殺盜婬妄酒。釋氏之五戒也。仁義禮智信。儒家之五常也。五常與五戒。名異而義同。凡有靈知者。不說自知。而苦口宣說者。前聖後聖。受而傳之之常道也。我亦受之於荷衣先師。先師受之於玩虎祖師。我亦傳之於汝等。汝等亦傳之於弟子。則億萬斯年。傳之不絶也。性者。戒也。正者。定也。慧者。惠也。實則戒定慧三學也。以性慧正三字作名者。汝等必以三學。馳名於三韓寺刹也。阿兄以福嚴。與其徒於丙寅冬。阿弟以慧嚴。授吾徒於丁卯冬。此乃禪家福慧雙運之眞詮也。臨時觸處。顧名思義。不負命名之深機。則何患乎無佛世出無孔國生。咄。錢穀之爭。夷虜之習。若好利者。罰三十棒。即送於七佛亞字房。好戒者。罰三十棒。即送於通度丁字閣。吾拈一柱杖。聻。

영산전 창건 시주안 서

　대개 들으니 황금을 깔아 땅을 사서 처음 기원정사祇園精舍[64]를 지었고, 법을 설하고 하늘에 오르시니 비로소 전단목으로 불상을 만들었다. 섭등葉騰[65]은 동쪽으로 들어가서 낙양에서 백마사를 세웠고 달마達摩[66]는 서쪽으로부터 와서 숭산에 소림사를 열었다. 아도阿度는 동쪽을 교화하여 8대 가람을 점지하였고 도선道詵은 서쪽으로 가서 3천의 비보처裨補處를 개설하였다. 본조本朝의 시작에 이르러서도 먼저 봉선사와 봉은사 두 절을 기내圻內에 세웠으니 오늘날에 이르도록 새롭다.
　우리 해남은 백제 시대에는 색금塞琴이라 이름하였고 신라 시대에는 침명浸溟이라고 불렀다. 나라의 운이 무상하여 읍의 터가 일정하지 않았다. 해문海門의 남쪽, 영수瀛水의 북쪽에 두륜산이 있고 부상扶桑을 등지고 함지咸池를 향하며 대둔사가 있으니 아도가 창건하고 도선이 중수하였다. 산꼭대기에 암자가 있고 산기슭에는 사원이 있다. 사원의 오른쪽은 푸른 산기슭인데 광명전이 있고 전의 오른쪽 옥루玉樓에는 영산당이 있는데 영산당의 선상에는 삼신三身[67]의 불탑이 봉안되어 있다. 당의 동서 행랑에는 오관五觀의 승인僧人을 안치하였으니 이것은 해남의 수사 김광우金匡祐가 부모의 애쓰신 은혜를 갚고 자신의 평안함과 자손의 번창함을 위하여 지은 것이다. 이유를 자세하게 밝히는 것은 말이 많아지게 되니 생략한다.
　인연의 때가 맞고 감응의 도가 교감하여 계해년 입춘날 불일佛日을 꿈꾸고 갑자년 3월에 금의金衣를 다시 입혔다. 을축년 늦여름에 보련각에서 금선金仙(부처님)을 예배하고, 병인년 7월에 은빛 들보를 정전에 걸었다. 보전이 윤환輪奐(화려하고 빛남)한 것은 송파공松坡公의 기문에 대략 보이고, 금탑의 장엄은 초의 선사의 찬어贊語에 갖추어 기재되어 있다. 등불 빛이 어두움을 깨뜨리고 미경米䵷[68]이 강신하며, 서기가 허공에 모이고 방광放光이 벽에 어리니, 진흙 덩어리와 흙덩어리의 무정물과 모든 움직이고 살아 있는 중생이 부처님과 다름이 없었다. 만 길 쌍봉은 춘훤椿萱(부모님)의 수명과 나란하고 길게 흐르는 구곡은 자손의 성대함과 견줄 만하다. 한바탕 바람이 낮게 불어오니 마장魔障을 영원히 몰아내고, 구름일산이 날아내려와 분다리화分陀利華를 실중으로 맞이한다. 단나檀那의 기업이 나라와 함께 무궁할 것이요, 불타佛陀의 모습은 겁석劫石과 나란히 영원할 것이다. 이미 일의 자취를 개진하고 이제 명함名銜을 기록한다.

靈山殿剏建施主案序

盖聞布金買地。始作祇桓之園。說法升天。初造旃檀之像。葉騰東入。建白馬於洛陽。達摩西來。開嵩山之少室。阿度東化。點八大之伽藍。道詵西行。設三千之裨補。至於本朝之初。先峙奉先奉恩兩寺於圻內。至今如新者。惟我海南。名塞琴於百濟。稱浸溟於新羅。國祚無常。邑址不一。海門之离。瀛水之陽。有曰輪山。扶桑負而咸池面。有曰芚寺。阿度剏而道詵修。山椒有庵。山麓有院。院之右翠微。有光明殿。殿之右玉樓。有靈山堂。堂之床。安三身之佛塔。堂之序。置五觀之僧人。此乃海南秀士金匡祐。爲報父母劬勞之恩。爲己身安閑。爲子孫昌寧而作者。若夫細疏攸由。多涉饒舌。因緣際會。感應道交。夢佛日於癸亥之入春。改金衣於甲子之三月。乙丑遞夏。禮金仙於寶蓮。丙寅否秋。掛銀棟於正殿。寶殿輪奐。畧見於松坡公之記文。金塔莊嚴。備載於草衣師之贊語。燈光破暗。米䴬降神。瑞氣凝虛。放光映壁。泥團土塊。蠢動含靈。與佛無異者。所賴萬丈雙峯。等椿萱之壽命。長流九曲。比瓜瓞之盛多。風陣飄低。送魔障於劫外。雲盖飛下。迎芬華於室中。檀那之基業。對鰌穴而無窮。佛陀之廟容。齊劫石而長在。已陳事緒。將擧名銜。

적광전 등촉계안 서

대개 일월은 법계에 두루 비치되 옹기가 가로막힌 곳은 미치지 못한다. 옹기가 가로막힌 곳을 비추어 일월의 밝음에 버금가는 것은 오직 등촉燈燭만이 그러할 수 있다. 등촉은 능히 비추지만 반드시 사람의 힘을 빌려서 비출 수 있는 것이요, 또한 사람마다 모두 능한 것이 아니고, 숙세宿世에 일월등촉의 빛을 갖추어 지혜에 밝은 자만이 능히 비출 수 있는 것이니, 돌이 옥을 품으면 산이 빛나고 물이 구슬을 품으면 냇물이 밝은 것과 같다.

이제 이 영산전靈山殿은 여러 가지를 수용하고 하나하나를 구족하였으나 등촉만은 빠뜨렸다. 승속僧俗이 뜻을 같이하여 지혜를 발하고 재물을 모아 무진등無盡燈의 기구를 갖추어서 일월이 미치지 못하는 어두운 거리를 비추어 깨뜨리고 자금색紫金色의 광취光聚(부처님의 몸 색깔)를 밝게 드러냈다. 가난한 여인의 등[69] 기름과 도적이 화살을 태워 불을 밝힌 일도 시대는 다르지만 뜻은 같았다.

바라건대 자손이 있는 군자는 연루烟樓를 깨뜨려 청전靑氈[70]을 승올乘扤(역사)에 전하고 월계수를 높이 잡아 죽백竹帛(역사)에 홀탑笏榻을 드리우라. 염불 염법念法하는 비구들은 이제 발원하고 미래에도 발원하여 정혜를 닦고 보리를 증득하여 원친怨親에 평등하며 자타를 원만하게 성취하라. 위로 결계結界의 유래를 서술하고 아래로는 인仁을 닦는 향기로운 이름을 쓴다.

寂光殿燈燭契案序

盖日月徧照於法界。而不及於隔甕之處。及於隔甕之處。而亞於日月之明者。惟燈燭能之。燈燭能之。必假人而能之。亦非人皆能之。宿具於日月燈燭之光明智慧者能之。其猶石蘊玉而山輝。水懷珠而川媚哉。今此靈山殿。

種種受用。一一具足。其所曠闕者。燈燭也。緇素同志。發智合財。備辦無盡燈之具。照破日月不及之昏衢。顯發紫磨金色之光聚。貧女之燒油。却賊之箭燈。異代同年。所祈有子有孫之君子。撞破烟樓。傳靑氈於乘机。高攀月桂。垂芴榻於竹帛。念佛念法之比丘。今發願。當發願。修定慧。證菩提。怨親平等。自他圓成。上序結界之由致。下題修仁之芳銜。

『불조원류』서

원류라는 것은 무엇인가. 원原은 종宗이요 류流는 파派이니 불조의 종파를 일컫는 것이다. 불조의 사적은 밝게 기록되어 있으나 이름은 모두 각각 다르다. 『본행경本行經』・『성도기成道記』・『전등록傳燈錄』・『불조통재佛祖通載』・『석씨원류釋氏源流』등의 책은 모두 서축西竺(인도)과 중원中原의 근원은 기재하였으나 우리나라의 흐름은 기재하지 않았으니 이것이 동방의 『불조원류』를 지은 까닭이다.

전번에 한곳에서 간행하였는데 전문專門만을 힘쓰고 공정함은 애쓰지 않아 말류末流라는 개탄이 컸다. 이 한 권은 서序와 주注를 제거하고 다만 근원과 흐름만을 기록하여 자가自家의 족보로 삼았으니 사람들이 비록 보더라도 전문에 치우쳤다는 비난은 없을 것이다.

이르기를 비바시불毘婆尸佛로부터 석가모니釋迦牟尼에 이르기까지는 부처가 되고 마하가섭摩訶迦葉으로부터 달마達磨에 이르기까지는 서천의 조사祖師가 된다. 혜가慧可[71]로부터 급암及庵에 이르기까지 중원의 조사가 되고 석옥石屋으로부터 청허淸虛에 이르기까지는 동국의 조사가 되니 불조라는 한 제목이 이를 모두 포괄하고 있다. 청허 이하로는 흐름이 매우 많아서 다 기술할 수가 없다. 우리 자신의 흐름만을 기록하여 소장한 것은 소씨蘇氏의 서序[72]에 견준 것이다. 권 머리에 서설을 단다.

佛祖源流序

源流者。源。宗也。流。派也。謂佛祖之宗派也。佛祖事蹟。昭昭載錄。而名皆各異也。本行經。成道記。傳燈錄。佛祖通載。釋氏源流等書。皆載於西竺中原之源。不載於本方之流。此東方佛祖源流之所以作也。間者一處刊行。而以專門爲務。不務公正。末流之慨歎大矣。此一卷拔去序注。但錄源派。以爲自家之譜。人雖觀之。無專門之誚矣。曰自毘婆。至牟尼爲佛。自迦葉至達摩。爲西竺祖。自慧可至及庵。爲中原祖。自石屋至淸虛。爲東國祖。佛祖之一題盡之矣。淸虛以下。千支萬派。不可盡述。自家之流。錄之藏之。擬於蘇氏之序。序說于卷首。

강진 고성암 중종 시주안 서

주야로 시간을 알려 공부의 더디고 빠름을 일깨우고 재齋나 제사 때에 음악을 연주하여 신도神道의 오르고 내림을 엄정히 한다. 이에 목란원木蘭院의 부끄러움을 일으키고 동안현同安縣의 감응이 있었다. 해가 지고 길이 막힐 때에 먼 하늘의 범방梵坊(절)을 열어 보이고 깊은 숲속과 흐르는 시내 사이 달빛 어린 창에서 나비의 꿈[73]을 깨운다. 크게 치면 크게 울리고 작게 치면 작게 울리듯이 많이 베풀면 많은 복을 받고 작게 베풀면 작은 복을 받는다.

우리 고성암은 산이 맑고 높아서 읍의 주맥主脈이다. 교윤敎允 화상이 만덕사萬德寺로부터 와서 거처하여 권선문을 지고 군자의 집에 고하였다. 불법이 성대해지려는지 지운地運이 돌아오려는지 말씀이 바람처럼 치달리자 수많은 집이 감화를 받아 유한한 재물을 모아서 무루無漏의 선근을 산처럼 세웠다. 때마침 파는 곳이 있어 마침내 오는 이를 교화하려는 마음을 일으켰다.

종을 누대에 옮겨 거니 산에 용과 호랑이가 날고 달리며, 소리가 성 위로 울려 퍼지니 읍의 존귀한 자는 자손이 번성한다. 고통에 빠진 외로운 영혼은 괴로움을 여의고 즐거움을 받으며, 윤회하는 중생은 어려움을 면하고 복을 얻는다. 단나檀那의 복은 수미산須彌山과 수명이 나란할 것이요, 화사化士의 공은 향수해香水海[74]와 흐름을 같이할 것이다. 감히 어리석은 지혜로 수승殊勝한 인연의 자취를 기록하여 보인다.

康津高聲庵中鐘施主案序
日夜點更。警覺工程之遲速。齋祭奏樂。嚴整神道之降登。爰起木蘭院之慚。乃有同安縣之感。日暮塗阻。開示雲霄之梵坊。林深溪流。罷除月窓之蝶夢。大叩大鳴小叩小鳴之日。多施多福小施小福之時。惟我高聲庵。山之淸高。邑之主脉。有敎允和尙。自萬德來居。荷彼勸善之文。告于君子之宅。或佛法欲盛。或地運將回。一言風馳。萬戶草偃。鳩聚有限之財賄。岳立無漏之善根。適有斥賣之處。卒發化來之心。移掛樓頭。山之龍虎。如飛如走。聲落城上。邑之尊貴。有子有孫。沉淪之孤魂。離苦受樂。輪回之衆生。免難得福。檀氏之福。與須彌而齊壽。化士之功。等香水而同流。敢將愚迷之知。記示勝緣之跡。

장성 백양산 청류동 중종 시주안 서

　노령盧嶺이 가로 뻗친 곳에 장성이 웅장하게 점거하고 있으니 유림儒林의 형국을 얻고 선원仙苑의 터를 열었다. 산신령은 백양을 타고 오고 가며 스님들은 청정 국토를 밟고 출입한다.[75] 저 절의 자취를 살펴보니 포옹圃翁[76]의 구절에 밝게 기재되었고 이 지령地靈을 돌아보니 각로覺老[77]의 비문에 자세히 쓰여 있다. 중고 시대 후로 산과 들의 백성들을 교화시킨 이는 환양喚羊 스님이요, 기상이 용상龍象(고승 대덕)을 압도한 분은 백파白坡 스님이었다.
　제방이 절을 보수한 공덕을 허여하였으니 암자의 바른 길이요, 많은 무리들이 경을 강설하는 모범을 추존하였으니 거울같이 맑은 연못과 같았다. 도사다천都斯多天[78]이 모두 도림桃林에 옮겨 오고 기원정사祇園精舍가 우리나라에 다시 일어났다. 청류암淸流庵에 이르면 여향餘香이 장실에 가득하고 유풍이 숲을 움직이며 부근斧斤[79]을 서로 전하고 청전靑氈(구업舊業)을 번갈아 지킨다. 맑은 흐름과 세찬 여울물이 좌우에 비쳐 흐르는 것은 덕송德松이 물외에 높이 초월한 것이요, 꾀꼬리의 노래와 제비의 지저귐이 상하에 울리는 것은 응운應雲이 사원에서 연설하는 것이다.
　이것을 바탕으로 하여 단월檀越이 귀의하고 법재法財가 갖추어져 부종鳧鐘(종)이 높이 걸리고 경퇴鯨槌(종을 치는 망치)로 간간이 울리니 경을 읽는 자와 불자拂子를 드는 이가 때때로 라후라羅睺羅의 종을 연주하고 고통에 빠진 자와 병든 자가 종소리를 듣고 나락奈落[80]의 고통을 그친다. 쌍계의 긴 흐름처럼 자손이 면면하여 끊어지지 아니하고 기린봉(麟峯)의 고고함처럼 부모님의 화락함이 무궁하리라. 우선 기문으로 앞에 수승한 인연을 드러내고 뒤에 아름다운 이름을 나열하여 축원한다.

長城白羊山淸流洞中鐘施主案序

蘆嶺橫亘。長城雄據。儒林得局。仙苑開基。山靈騎白羊而往反。釋子履淨土而出入。瞻彼寺蹟。昭載圃翁之句。顧此地靈。試詳覺老之碑。降自中古。風動山野者曰羊。氣壓龍象者曰白。諸方許其補寺之功德。庵裡之道。衆海推其講經之模楷。鏡中之潭。覩斯多全移桃林。秪陀苑重興韓地。至於淸流庵。餘香滿室。遺風動林。鈤斧相傳。靑氈替守。淸流激湍。影帶左右者。德松之高超物外。鶯吟燕語。聲徹上下者。應雲之演唱院中。用是爲資。檀越歸依。法財具足。梟鐘高掛。鯨槌間春。轉經也。堅拂也。時奏睺羅之撞撞。沈淪者。疾病者。聽息奈落之楚楚。雙溪之長流。瓜㗩之緜緜不絶。麟峰之孤高。椿萱之棣棣無窮。記表勝緣於先。列祝芳名於后。

대둔사 무량회 모연 소

　살피건대 세존께서는 기연을 따라 도를 전수하시고 중생에 응하여 형상을 나타내셨다. 특별히 왕생일문교往生一門教(정토종)를 여시어 염불삼매에 들게 하셨으니 이제 잠깐의 작은 선을 닦는다면 후대에 만겁의 자량資糧이 되리라.
　이 때문에 동진의 혜원惠遠 법사가 여산廬山에서 백련사白蓮社를 창설하여 맺으니 신이한 영험을 만세에 공경히 우러렀고, 고려의 징徵 화상이 건봉사乾鳳寺에서 만일회萬日會를 이어 개설하시자 같은 날 수많은 사람이 왕생하였으니, 이는 바로 고해를 건너는 빠른 배요, 윤회를 벗어나는 첩경이다.
　우리 본사本寺 회암悔庵과 설허雪虛 두 대사는 공문空門의 영수요 불법의 표상으로서 시내 북쪽에 무량회를 여시고 무량수불無量壽佛(아미타불)을 니단尼壇(수계하는 계단)의 위에서 염원하였다. 사산四山(생로병사)이 핍박하니 전영奠楹의 꿈[81]이 멀지 않고 육문六門(안眼·이耳·비鼻·설舌·신身·의意)이 허한虛閑하니 현고懸鼓[82]의 기한이 멀지 않았다. 완명玩溟 스님에게 권선문을 미루니 많은 대중들에게 물망이 있는 분이다.
　이에 권선문을 지니고 길에 오르니 상서로운 바람이 칠근七斤의 포삼布衫 속으로 불어오고 선신善神이 육환六環의 석장을 보호한다. 효제충신의 집안이 문을 열어 웃으며 맞이하고 자비희사의 사찰이 병을 기울여 보시한다. 수달須達 장자가 옛날에만 있고 오늘날에는 없다고 말하지 말라, 인을 행하는 것이 장자로다. 보살이 예전에는 나타나고 훗날에는 숨었다고 이르지 말라, 자비가 보살이로다.
　엎드려 바라오니 어진 군자와 선지식은 "인仁에 당하여 양보하지 말라."[83]는 선근善根을 채택하여 우리의 선을 행하는 가장 즐거운 좋은 터에 심고 인간 세상의 오복五福[84]의 여경餘慶을 덜어서 아홉 길 산을 이루는[85]

믿음의 공덕을 이룬다면, 먼 훗날 임종할 때에 아미타불을 친견할 것이며, 어질고 착한 자손들이 어릴 때 성상聖上을 알현할 것이로다. 이를 인하여 받들어 축원하노니 왕실의 복산福山이 높게 솟고 제후諸侯의 문에 법해法海가 평안히 흐르기를 바라노라.

大芚寺無量會募緣疏

原夫世尊。隨機授道。應物現形。特開往生一門敎。入念佛三昧。今修片時之小善。後爲萬劫之資糧。是以東晉遠法師。創結白蓮社於廬山。異驗萬歲欽仰。高麗徵和尙。繼說¹⁾萬日會於乾鳳。同日千人往生。是乃越苦海之迅航。出輪廻之捷徑者也。惟我本寺悔庵雪虛兩大師。空門領袖。佛法羽儀。開無量會於溪水之陽。念無量壽於尼壇之上。四山逼迫。奠楹之夢不遠。六門虛閑。懸鼓之期無何。推勸軸於玩溟師。有物望於介衆者也。於是荷勸登道。祥風吹於七斤衫裡。善神護於六環杖頭。孝悌忠信之家。開門迎笑。慈悲喜捨之寺。側餠捨施。莫道須達古有今無。富仁是矣。勿謂菩薩前現後隱。慈悲是焉。伏願仁君子善知識。採彼當仁不讓之善根。種我爲善最樂之良土。減人間五福之餘慶。成爲山九仞之信功。則千秋萬歲。親見彌陀於臨終之時。賢子令孫。進謁聖上於舞象之日。因茲奉祝。王室之福山高峙。候²⁾門之法海安流。

---
1) ㉠ '說'은 '設'의 오기인 듯하다.   2) ㉠ '候'는 '侯'의 오기인 듯하다. 번역은 '侯'를 따랐다.

서산 대사 영각 다례 모연 소

생각하니 서산 대사는 관북 땅에 은현隱現하여 산속의 사람에게 생멸을 나타내시고 호남에 의발을 전하여 바닷가 세속에 충의를 권면하였다. 왜구가 침략하자 7년의 풍진을 쓸어 내시니 나라의 은혜가 널리 베풀어져서 세 스님의 조두俎豆(제기祭器)를 진설하게 되었다. 그러나 궁궐을 경영하느라 화천貨泉(재물)이 고갈되니 조정의 명령이 엄하게 내려졌으나 자성粢盛(제삿밥)을 빠뜨리게 되었다.

감영의 명령이 이어 내려와 특별히 수호총섭守護總攝의 직책을 내리고, 관아의 사신이 곧 와서 춘추로 다례를 지내라는 엄명을 높이 나타내었다. 그러나 본래 재물을 축적하지 아니하면 또한 새로 번거롭게 갖추어야 할 것이다. 이미 4, 5년을 지나며 향화香火를 올렸기 때문에 본사本寺에서도 차호茶戶를 바치려 하고, 또 장래에 백년 천년에도 제사를 받들려 하면 반드시 다른 산에 있는 선원禪院의 힘을 빌려야 한다. 이에 여러 해 동안 경영하여 화락한 화사化士를 택하여 정하였으나 향화할 계책이 없으니 감히 어려운 마음을 고한다.

생각하니 저 유림의 군자들도 오히려 외호外護하거늘 하물며 우리 불문의 수행인이 어찌 안을 돌보지 않을 것인가. 엎드려 바라오니 충의한 군자와 전임 원임院任과 전임 제관祭官과 후손인 선승 대덕과 선善을 즐기는 산야의 백성들은 깊이 열조列朝께서 도타이 우려하시는 것을 생각하여 힘써 진영眞影에 제사 차리는 재물을 도운다면, 높이고 받드는 행사가 여전히 남아 있는지라 불법의 시운이 돌아오는 것을 바랄 수 있으리라. 대략 이유를 갖추어서 삼가 단자를 드린다. 여러 고을과 각 절의 군자와 대덕은 문서 아래에 열거한다.

西山大師影閣茶禮募緣疏

伏以西山大師。隱現關北。示生滅於山岠。衣鉢湖南。勸忠義於海俗。島猺間闢。掃七年之風塵。國恩普施。陳三師之俎豆。經營宮闕。磬渴貨泉。朝令嚴申。粢盛曠闕。營旨繼下。特授守護摠攝之欽差。官使旋來。高揭春秋茶禮之嚴令。非是素畜之物件。抑爲新備之冗財。已過四五年行香。準輸本寺之茶戶。將來百千歲獻枸。必借他山之禪宗。爾乃經記有年。擇定易易之化士。香火無策。敢告難難之原情。思彼儒林君子。尙可外扶。況我釋苑行人。叵使內顧。伏乞忠義君子。曾經院任。前行祭官。後裔禪德。樂善山野。深追列朝軫念之優渥。力助眞儀設奠之遺財。則尊崇之擧尙存。時運之回可望。畧陳由致。謹呈單子。列邑各寺僉君子大德。列案下。

무안 법천사 가사 및 천등 모연 소

수달須達 장자가 정사를 건립하자 사원의 명칭이 비로소 시작되었고, 백장百丈 선사가 총림을 개설하자 규율의 의식이 거듭 부연되었다. 이로부터 화연을 권하는 행이 서로 이어지고 단월의 믿음이 더욱 새로워져 집물什物이 원만히 이루어지고 사사四事[86]가 구족되었다. 깃발을 날리고 돈을 거니 육법六法[87]의 공양이 원만하고 종을 울리고 북을 치니 사물四物의 인연이 이루어졌다.

우리 법천사法泉寺는 부처님이 신령하고 산수가 아름다우나 스님이 쇠잔하고 절이 무너져서 시내가 오열하고 숲도 슬퍼하니 감히 어리석은 말로 훌륭한 군자에게 호소한다. 바라건대 덕이 밝은 군자와 효도를 행하는 신사信士는 크게 유한한 재물을 열어서 잠시 무루無漏의 인연을 심으라. 가사를 갖추어서 영원히 산문의 법계에 두고 등촉을 높이 걸어 암실과 같은 어두운 거리를 비춘다면 금시조金翅鳥[88]의 환난도 영원히 소멸될 것이요, 음광飮光(마하가섭)의 빛이 널리 비칠 것이니 수명을 연장하는 경문을 읽지 않아도 장수할 것이요, 야광의 구슬을 차지 않아도 빛날 것이라, 바로 보시하는 때가 보답을 받는 날일 것이다.

인하여 봉축하노니 삼각산 머리에 요임금의 태양이 밝게 빛나고 사대문 밖에 순임금의 바람이 항상 불기를 바라노라.

務安法泉寺袈裟及千燈募緣疏

須達建精舍。院宇之名初開。百丈設叢林。規儀之式重衍。自玆以還。勸化之行相望。檀越之信盆新。什物圓成。四事具足。揚幡掛錢。六法之供養圓滿。鳴鐘打鼓。四物之緣起莎訶。惟我法泉。佛聖神靈。山明水麗。僧殘寺敗。澗咽林哀。敢將愚辭。庸訴珎席。伏願明德君子。孝行信士。大開有限之財賄。暫種無漏之因緣。備辦袈裟。永鎭山門之法界。高掛燈燭。長明暗室

之昏衢。則金翅之患永消。飮光之色廣照。不讀延命之經而長壽。不佩夜光
之珠而光明。乃捨施之時。即受報之日也。因玆奉祝。三角山頭。堯日朗曜。
因[1]大門外。舜風長揚。

---

1) ㉮ '因'은 저본의 '四'를 잘못 입력한 것이다.

여산 미륵사 중수 모연 소

적이 생각하니 니룡泥龍(진흙으로 빚은 용)은 비를 일으키지 못하지만 비를 구하려면 모름지기 니룡을 써야 하고 범승凡僧은 복을 증장할 수 없으나 복을 비는 데는 범승을 써야 한다. 이로써 니룡의 이름을 범하고 범승의 복장을 입어 비를 일으키는 계책을 설하고 복을 증장하는 연유를 고한다.

장자長者가 사찰을 건립하니 제천諸天에서 산화散花하였고 초부樵夫가 삿갓을 씌워서 진단震旦(중국)에서 황제를 칭하게 되었으니 이는 경영하여 건립한 공덕이다. 빈녀貧女가 부처님 얼굴을 보수하자 얼굴이 황금빛으로 변하였고 장자가 손가락을 다스리자 손가락에서 등빛이 발산되었으니 이것은 소화塑畵의 공덕이다.

부처님께 꽃을 바쳐서 과위果位를 증득한 것은 위덕 비구威德比丘[89]요, 탑을 쓸어서 도를 깨친 것은 파다존자婆多尊者[90]이다. 기름을 사서 등을 밝히니 등광불燈光佛이 되었고 화살 등불을 바르게 밝혀서 천안통天眼通을 얻었다. 옛날에 이르기를 "봄에 한 알의 씨앗을 뿌리면 가을에 수많은 곡식을 얻는다."고 하였으니 이는 바로 인因을 닦아서 과果를 얻는 일착자一着子이다. 우러러 바라오니 명덕 군자明德君子와 대선지식大善知識은 착한 마음을 드리워서 밝게 살필지어다. 인하여 봉축하노니 관산冠山은 빼어남을 다투고 한수漢水는 계속 흐를지어다.

礪山彌勒寺重修募緣踈

切以泥龍不能行雨。求雨須用泥龍。凡僧不能長福。求福須用凡僧。是以犯泥龍之名。荷凡僧之服。設行雨之策。告長福之由。長者建刹。諸天散花。樵夫覆笠。震旦稱帝。營建之功也。貧女補面。面爲金色。長者治指。指放燈光。塑畵之功也。獻花證果。威德比丘。掃塔得道。婆多尊者。買燃油燈。作燈光佛。箭燈正明。證天眼通。古云春種一粒穀。秋收萬顆子。此是修因契果之一着子也。仰惟明德君子。大善知識。垂仁靑照焉。因玆奉祝。冠山競秀。漢水爭流。

무량회 중수 모연 소

적이 생각건대 관세음보살觀世音菩薩[91] · 대세지보살大勢至菩薩[92] 두 보살은 곧 아미타불의 좌우에서 보필하는 법신法臣이다. 대세지보살은 염불로써 사람을 응접하고, 관세음보살은 참선으로써 대중을 깨우치니, 염불과 참선은 이치가 다르지 않다. 오늘날 사람들이 참선은 높고 염불은 낮다고 하는 것은 둘 다 알지 못하는 것이다.

이제 이 남암南庵의 무량회는 무량수불을 염원하는 선회禪會이다. 방장이 좁아서 동방東方 사자좌獅子座를 수용하기가 어렵고, 공양구를 갖추기 어려우니 상방上方 향적香積 세계의 밥을 빌려고 한다. 그러나 유마힐의 신통력을 증득하지 못하였으니 사리불舍利佛의 마음만 헛되이 일으켰다.

엎드려 바라오니 밝은 덕의 군자와 선을 쌓는 대인이 유한한 재물을 덜어서 무루의 공덕을 심는다면 부처님의 교화가 사람마다 입혀지고 하늘 빛이 집집마다 비출 것이다. 재물을 모으고 공을 쌓는 것은 자기만을 위한 것이 아니요, 염불 참선하는 것은 남을 이롭게 하는 것이다.

인하여 축원하노니 사방의 도읍에서 임금님을 축원하고 천하가 태평하며 안팎으로 삼통三統[93]하여 팔한八寒과 팔열八熱[94]의 지옥이 분쇄되고 아침에 천 번 염불하고 저녁에 천 번 염불하여 오고五苦[95]와 오도五道의 원한이 눈처럼 녹기를 바라노라.

無量會重修募緣疏

切以觀音勢至二菩薩。即阿彌陁佛左右補弼之法臣也。勢至以念佛接人。觀音以叅禪誨衆。念佛叅禪無二致。今之人叅禪爲高。念佛爲卑者。二俱不知也。今此南庵無量會。念無量壽佛之禪會也。方丈迫迮。難容東方獅子之座。供具艱難。欲借上方香積之飯。然雖如是。未證維摩詰之神通。虛起舍利佛之心念。伏願明德君子。積善大人。損有限之財賄。樹無漏之功德。則佛化被於人人。天光照於家家。鳩財儴功非爲己。念佛叅禪是利他。因兹奉祝。四都華祝。八垓河淸。內三統。外三統。八寒八熱之獄粉碎。朝千念。暮千念。五苦五道之寃雪消。

일허 거사에게 부치는 편지

미륵암 앞에서 한마디 말을 나누고 이별했는데 모습이 여전히 눈에 어른거리고 목소리가 귀에 쟁쟁하구나. 근일에 부모님 모시고 지내는 생활이 여전하고, 거주하는 것이 별다른 일이 없으며 또 염불하는 마음은 변함이 없는가. 나는 작년에 너희 두 사람과 헤어지고 금년에는 저 두 아이를 보내고 나서 여전히 서책을 마주하며 하루하루를 보내고 있다. 부질없이 외로운 등불 아래에 누워서 긴 밤을 지새우니 시름에 겨운 구름만 얼굴을 가로지르고 슬픈 바람만 옷에 불어오니 그 모습을 상상할 수 있겠는가.

오호라, 너를 보낸 후에 이전의 공부를 길이 끊고 심성이 갑자기 변하여 문 앞을 지나가도 들어가지 않고 사람을 만나도 말하지 않은 것은 반드시 처신할 바를 두고자 함이었다. 세월이 점차 흐름에 따라서 심정도 점차 바뀌어 가니 이른바 작심삼일作心三日이라는 것이다.

이 때문에 내가 스승에게 고하여 마음에 새긴 한을 영원히 깨뜨렸으니 너도 아버지에게 고하여 흉중에 남아 있는 근심을 잊도록 하라. 내가 이 편지를 써서 보낸 후에 다시 처음과 같이 되고 너도 또한 이 편지를 본 후에 다시 처음과 같이 된다면 끊어진 현絃을 다시 잇는 것이요, 이지러진 달이 다시 원만하게 되었다고 할 수 있을 것이다. 소소한 여러 이야기들은 마주 앉아서 모두 토로하기로 하고 우선 남기고 다 이야기하지 않는다.

寄一虛居士書
彌勒庵前。一言相送。顏猶在眼。聲猶在耳。未知近日侍味一如。居住有殊。念心不變。我去年。失爾二人。今年。送彼兩兒。猶對書册。以終天日。浪臥孤燈。以達長夜。愁雲橫面。悲風吹衣。情狀可想。嗚呼。送爾之後。前功永絶。心性頓變。過門不入。逢人不言者。期於必有所擧措而已矣。歲月漸深。心情漸改。所謂作心三日者也。是故。吾告於師。永破刻心之恨。汝告於父。即忘留胸之憂。我乃記送此書以後。乃復如初。汝且得見此書以後。乃復如初。則可謂絶絃復續。缺月重圓者也。小小諸說。對坐盡吐。姑留不宣。

박노하에게 답하는 편지

　풍륭風隆(구름과 우레의 신)이 한 번 지나자 추수하는 일이 형편없게 되었습니다. 이때에 그리워하며 소식을 간절히 기다렸습니다. 눈과 혀가 모두 지쳐 물러나 앉고 싶은 마음이 날마다 있었으나 일에 끌리는 것이 그치지 않으니 한스러움을 어찌하겠습니까.
　유자후柳子厚[96]가 말하기를 "유자는 예로써 인의仁義를 세우니 예가 없다면 인의가 무너진다."라고 하였습니다. 불교도 계율로써 정혜定慧를 유지하니 계율을 없애면 정혜를 잃게 됩니다. 이 때문에 인의에서 예를 벗어나면 더불어 유학을 말할 수 없고, 정혜를 닦을 때에 율을 달리한다면 함께 불교를 말할 수 없으니, 이 도리를 아는 자는 오직 선생일 것입니다. 유가의 인의와 불가의 정혜는 이름은 다르나 실제는 같고, 길은 다르지만 귀결처는 같아서, 이로써 유자라고 부르기도 하고 불자라고 일컫기도 하나니, 이 도리를 아는 자는 오직 산승일 것입니다. 산승이 이것으로써 선생에게 알리고 선생이 이것으로써 산승에게 허여하는 것은, 오늘날의 세상에 유자는 유학밖에 다른 도리가 없고 불자는 불교밖에 다른 도리가 없어서 항상 빙탄氷炭과 같으니, 비유컨대 쌀 밖에 다시 보리가 없고 육고기 외에 다시 물고기가 없는 것과 같아서 참으로 안타깝습니다.
　산승이 적이 생각건대 유자가 유교를 높이고 불자가 부처를 높이는 것은 자식이 아버지를 위하는 것과 같고 부인이 지아비를 위하는 것과 같습니다. 만약 자식이 그 아버지만을 위하고 다른 사람의 아버지를 위하지 않으며, 지어미가 지아비만을 위하고 다른 사람의 지아비를 위하지 않는다면, 경박한 자가 되어 세상에 서지 못할 것이니 누가 대군자라고 하겠습니까. 때문에 곡식에는 오곡五穀과 구곡九穀[97]이 있고 찬에는 오미五味[98] 와 팔진八珍(여덟 가지 진미)이 있으며 사람에게는 성인과 상인常人이 있고 도에는 삼가三家(유·불·선)와 구류九流[99]가 있는 법입니다. 이들은 모두 펼치면 다多가 되고 합치면 일一이 되니 다와 일이 곧 하나요, 일은 일기一氣의 오묘한 이치이니 다시 무슨 피차 친소親疎를 분별하는 논단論端이 있겠습니까. 도의 큰 근원은 하늘에 근본 하니 하늘이 어찌 사사로움과 다름이 있겠습니까. 그러므로 군자는 종일토록 힘쓰며 자강불식自强不息[100]하노니, 이것은 바로 선생이 일상생활에서 실천하고 본성을 따르는 도리인 것입니다. 그러므로 감히 우러러 아룁니다.

원준圓俊이 와서 책과 편지를 받았습니다. 원준이 갈 때에 책과 감사 편지를 드립니다. 날짜는 비록 많이 지났으나 마음은 항상 한결같으니 사랑을 드리워서 잘 받아 주십시오.

答朴蘆河書

豊鑾一過。秋事無形。此時瞻仰一信憧憧。眼舌俱役。退坐之心。無日無之。牽制不已。恨將奈何。柳子厚曰。儒以禮立仁義。無之則壞。佛以律持定惠。去之則喪。是以離禮於仁義者。不可與言儒。異律於定惠者。不可與言佛。達是道者。惟先生乎。儒之仁義。佛之定惠。名異而實同。殊途而共歸。以之而謂儒。以之而謂佛。達是道者。惟山人乎。山人以此聞於先生者。先生以此許於山人者。今之世。儒者。儒之外。更無他道。佛者。佛之外。更無他道。每每氷炭。譬如稻之外無麥。肉之外無魚。眞可悶哉。山人切以爲儒者尊儒。佛者尊佛。如子爲父。婦爲夫也。若子爲其父。而不爲他人之父。婦爲其夫。而不爲他人之夫。則陷爲輕薄者。不立於世。誰曰大君子也。是故穀有五谷九谷。饍有五味八珍。人有聖人常人。道有三家九流。此皆開之爲多。合之爲一。多一即一。一是一氣之妙理。更何有彼此親疎之分別論端哉。道之大源。本乎天。天何私乎異乎。故君子以終日乾乾。自强不息。此乃先生日用踐形率性之道也。故敢以仰叩。圓俊來。得册與手札。圓俊去。呈册與謝狀。日子雖多。心縷恒一。垂仁採納焉。

청양 수령 【정대림】에게 올림

열수洌水(한강)에서 뵌 지 22년이요, 두륜산에서 편지로 예를 올린 지 12년이 되었으니 꽃 피고 잎이 떨어질 때 꿈에서나 당신께 오고 갈 뿐입니다. 이제 여초 율사如初律士가 그쪽으로 출발하므로 반드시 더불어 이야기하리니 나와 얼굴만 바꾸어 말하는 것과 다름이 없을 것입니다. 국화 피는 뜰과 단풍 물든 바위에 집무하는[101] 기력이 계절 따라 더욱 좋으신지요. 아침 구름과 저녁노을 따라 마음만 그대에게 달려갈 뿐입니다.

저는 무진년(1868, 고종 5) 9월 15일에 은사께서 나이가 91세로 입적하시니 추모하는 마음이 갈수록 더하고 깊어집니다. 결복闋服(탈상脫喪)할 날이 다가오니 살아 있는 동안 죄인 된 마음으로 하늘을 우러러볼 수 없습니다. 차의 품질은 비록 좋지 않으나 네 첩을 봉하여 드리니 다만 옛 우의友義를 표할 뿐입니다. 이름은 초의草衣 선사가 지은 것입니다. 청양성靑陽城 안에서 경운卿雲(상서로운 구름)을 맞이하시기를 바랍니다. 갖추지 못합니다.

上靑陽倅【丁大林】

洌江面拜。二十二秋。頭輪書禮。一十二春。花開葉落。夢魂歸去來。于今如初律士登程。必學[1)]共談。無異換面而談也。菊庭楓岩。撫琴氣力。隨序益佳。朝雲夕靄。心神爭馳。粵戊辰九月十五日。恩師示跌。壽九十一。追遠之懷。去益增深。而闋服屬耳。一縷尙存。罪不仰天。茶品雖劣。四帖封呈。但表舊義。名則草衣制。靑陽城裡。以迎卿雲。不備。

1) ㉠ '學'은 '與'의 오기인 듯하다. 번역은 '與'를 따랐다.

장연 부사에게 올리다

서남쪽 수천 리의 길을 시내와 들을 헤쳐 가는 것은 실로 납승의 본색이 아니니 다만 돌아가는 조각구름을 바라볼 뿐입니다. 중추절을 맞이하여 기체후氣體候가 백성을 위하여 건강하고 왕성하신지요. 우러러 사모하는 마음만 항상 지니고 있습니다. 저는 당신의 은덕으로 생활이 편안하니 기쁜 마음으로 정례頂禮합니다.

표충사表忠祠의 일은 어떻게 처분하셨는지요. 부인의 행차가 출발하였기 때문에 하인 편으로 이와 같이 아룁니다. 돌아오는 인편에 일의 가부를 일일이 회답하여 교시教示해 주시고 『보장록寶藏錄』도 또한 굳게 봉해서 보내 주시기를 간절하게 바랍니다. 따로 다른 좋은 도리가 있거든 세세히 기록해 보이시어 성공을 기약하게 하여 주시고 설사 어린 중들이 무지無知하여 망령된 짓을 하더라도 본관本官으로 계실 때와 같이 그들에게 좋은 방략을 가르쳐 주시기를 간절히 엎드려 바랍니다. 삼가 갖추지 못합니다.

上長淵府使

西南數千里之道。跋涉川原。實非緇衣本色。但瞻歸去片雲而已。伏未審仲秋氣體候。爲民康旺。仰慕二字。掛在靈城。某餘蔭布在。缾鉢安堵。伏賀頂禮。表忠祠之事。處分何如。內行次發程故。下人便如是仰告。回便。事之爲否。一一回示。寶藏錄。亦堅封下送萬望。別他好道理。細細記示。期於成功。設使小釋等。無知妄作之事。敎其方略。如在本官時。千萬伏望。謹不備。

단양 정 사군에게 올리다

경오년(1870, 고종 7)에 교教 율사律師가 다녀와서 당신의 편지를 받고 감사하고 기쁜 마음을 가누지 못하였습니다. 또 듣자 하니 네 번 전직하여 단양 부사에 임명됐다고 하니 참으로 뛸 듯이 기뻤고 더욱이 날마다 축원하기를 그치지 않았습니다. 새로 서늘한 기운이 교외로 불어오는 때에 당신의 건강이 한량없는 수복壽福을 받는지요. 아침 구름과 저녁 안개를 보면서 정축頂祝하고 절을 올립니다.

저는 세월이 흐름에 따라 힘은 쇠퇴하고 눈은 어지러워서 선열禪悅의 맛도 없고 간경看經도 더욱 게을러 죄스러움을 견디지 못하니 무엇을 감히 아뢸 것이 있겠습니까. 선사가 입적한 지 이미 오래되었는데 몇몇 제자들이 그 사적을 기록하여 훗날에 전하고자 합니다. 저는 일상생활의 소굴에 빠져 능히 몸을 빼지 못하니 천천히 당신의 큰 솜씨를 기다리고자 합니다. 율공律公이 먼저 하고 저희들이 뒤에 하여도 무방하기 때문에 이와 같이 감히 아뢰니 미리 한가로운 날을 지정해 주십시오. 떠나는 인편이 급하여 붓을 잡을 겨를도 없으니 하물며 신표를 나누겠습니까. 만에 하나도 갖추지 못합니다.

上丹陽丁使君

庚午年。教律師往來。伏承手凾。不承[1]感賀。而又聞四轉。而任丹陽府云。喜踴不啻三百。增祝不啻二六。伏未審新凉入郊。氣體候。迎無量意福。納阿僧祗壽。朝雲暮烟。頂祝膜拜。某歲月無停。力衰眼花。禪悅無味。看經尤懶。伏不勝罪案。何敢仰白。先師入寂已久。而二三子。欲記跡而傳後。汨於生涯之臼。未能抽身。徐待丹陽大手。而律公先之。岸等後之無妨故。如是仰浼。[2] 預[3]指閒日焉。去便絃急。未能把筆之暇。況於分別信表乎。萬不備一。

1) ㉠ '承'은 저본의 '勝'을 잘못 입력한 것이다. 번역은 '勝'을 따랐다. 2) ㉡ '仰俛'은 '俛仰'과 같은 의미의 글자로 보인다. 3) ㉢ '預'는 저본에 '頁'로 되어 있다. 문맥상 '預'가 맞는 듯하다.

신 승지에게 올리는 편지

요사이 당신의 건강이 나라를 위하여 태평하시고 백성을 위하여 좋으신지요. 아침 구름과 저녁 종소리에 한없는 정례頂禮를 올립니다. 저는 가사 하나와 발우 하나로 이르는 곳마다 모두 한결같습니다. 연운烟雲이 부르는 곳이면 가만히 앉아서 거절할 수 없어 명命을 들으면 곧 가고 명을 들으면 곧 물러나서 주착住着 없는 회향回向으로써 본분의 파병欛柄(칼자루)을 삼을 뿐이니 나머지는 무엇을 받들어 알릴 것이 있겠습니까.

저번에는 다른 사람에게 이끌려 남창南倉의 적소謫所(귀양지)에서 분주히 곧바로 돌아왔습니다. 밤을 타서 돌아왔다가 새벽녘에 출발하느라 직접 뵙고 하직하지 못하고 산을 벗어나게 되었으니 황공한 마음이 안팎으로 가득합니다. 안주한 이래로 오늘날에 이르기까지 날마다 미안한 마음뿐인데 저를 사랑해 주시는 은혜가 오래될수록 더욱 깊기만 합니다. 때때로 북풍을 따라 소식을 전해 주시기를 바랍니다. 삼가 갖추지 못합니다.

上申承旨書

伏未審。此間氣體候。爲國太平。爲民健羨。朝雲暮鐘。頂禮無量無邊。某一衣一鉢。到處皆如。而烟雲所召。不可坐拒。聞命即往。聞命即退。以無住着回向。爲本分欛柄。餘何奉聞。向於爲人牽制。南倉謫所。奔走即回。乘昏而歸來。乘曉而發行。未能奉謝而出山。惶恐之心。弸中溢外。棲止以來。至於今日。日無安心。而見愛之恩。愈久愈深。時因北風。以惠德音焉。謹不備。

신 승지에게 올리는 편지

한 해의 농사가 흉년이 들어 인편이 끊어져 새해를 축하하는 예와 봄을 맞이하는 축하 인사를 아직까지 하지 못하였으니 황공한 마음이 아침저녁으로 절실합니다. 단비가 윤택하게 내리는 때에 당신의 건강은 청정 원만하신지요. 향을 태워 축원 올립니다.

저는 스승과 상좌上佐 두 사람이 옛 절을 지키며 여러 가지 장애가 없으니 특별히 당신이 염려해 주신 덕분입니다. 그러나 대청을 빌리는 늙은이와 밥을 구걸하는 아이들이 문에 가득 차고 길을 메워 조금이라도 성질에 거슬리면 곤욕스러운 말을 하지 않음이 없으니, 화적火賊질을 할까 두려워서 부드러운 말로 대우하고, 내 몫을 주어서 끼니를 거를 때가 대부분이라, 기운은 축 처지고 몸은 힘이 없어 다만 혼만 흩어지지 않았을 뿐입니다.

연전年前에 보내 주신 역서曆書는 무위無爲 형으로부터 부쳐 왔으니 참으로 감사하고 기뻐서 자주자주 절을 올립니다. 보리밥이라도 배불리 먹을 즈음에 당신께 찾아가 절을 올리려고 합니다. 그 전에 생활이 다복하시기를 축원합니다. 삼가 다 갖추어 아뢰지 못합니다.

上申承旨書

年事凶荒。人便隔絶。獻歲之禮。發春之賀。尙稽至今。惶恐之心。朝暮之切。伏未審甘澍如膏。氣體候清淨圓滿。燒香頂祝。某師佐二人。株守古寺。無諸障礙。特荷盛念所及。然而借廳之叟。乞飯之兒。塡門塞路。小咈其性。則困說無所不至。恐其火賊。溫言待之。自分推之。空過之時居多。氣若泥絮。形同鍾馗。但魂不散而已。年前下送曆書。自無爲兄處寄來。感賀之極。僕僕亟拜也。麥飯飽食之時。進拜於堂下。未前。伏祝起居多福。謹不備告。

조 판서에게 올리는 편지

작년 여름에 뵌 후로 마음은 항상 처마 밖에 있었습니다. 한 해도 마침내 바뀌는 이때 또한 당신을 우러러봅니다. 새해를 맞이하여 건강이 더욱 좋으신지요. 저의 작은 마음을 가누지 못하겠습니다. 저는 자성自性을 보지 못하고 한갓 나이만 더하여 허튼 선객이라는 질책을 이생에서나 훗날에 결코 면할 길이 없으니 하늘과 사람에게 부끄러운 마음을 어찌하겠습니까.

생각건대 지난여름 나아가 뵐 때에 선면扇面(친자親炙)의 가르침을 받았는데 그 사이에 잊지나 않았는지요. 편언척자片言隻字라도 마음에 원하는 바를 얻었으니 간절히 초심을 저버리지 않겠습니다. 남쪽으로 영주瀛洲(제주도)에 들어가서 읊은 시와 북쪽으로 봉래산蓬萊山(금강산)에 올라가 지은 시축詩軸은 이미 신 승지申承旨께 바쳤습니다. 추호楸湖를 오가며 지은 게송과 관산冠山을 유람하며 지은 작품들을 이제 당신께 드리니 이 시들을 퇴고해 주실 것을 간절히 바랍니다. 당신께서 돌아오신 날에 부가浮家¹⁰² 아래에서 뵙겠습니다. 삼가 아뢰지 못합니다.

上趙判書

昨夏拜後。一心長在簷榮之外。歲律鞦改。亦復星斗之仰。未審新元。氣體候更加吉祥。無任下誠。某自性未見。空增年時。虛頭禪客之責。此生他日。決不圖免。慚天愧人之情。如何。仰惟去夏進謁之日。伏受扇面之敎。其間不置忘域乎。片言隻字之得心所願。切莫負初心焉。南入瀛洲之吟。北登蓬萊之軸。已獻申承旨足下。往反楸湖之偈。遊賞冠山之作。今呈閣下。以之推敲。泥首望之。反駛之日。必拜海上浮家之下。謹不備。伏惟。

철요 스님에게 부치는 편지

여러 해 동안 길이 막혀 잊힌 듯하였는데 두 스님께서 문득 오시니 비록 편지는 없어도 마주 앉아서 다정하게 이야기를 나누었습니다. 이후로 여러 날 동안 스님의 생활이 때때로 무량한 수복을 누리시며 물이 동쪽으로 흘러들 듯 부처님께 귀의하고 정례하시는지요. 저는 흰머리만 가득하고 눈은 어지러워 책을 치우고 망연히 앉아만 있으며 지팡이 꽂아 놓고 걷기도 게을러져서 화광삼매火光三昧(다비)의 날만 기다릴 뿐입니다.

그대는 엄연한 천축 옛 난야의 주인으로 문담文潭 화상의 자취를 이어, 스승이 돌아가신 때에 진영을 봉안하고 향을 살라 삼남의 법계를 빛내니, 참으로 착한 일입니다. 비록 신물信物이 있다 하더라도 홍모鴻毛와 같아 이루기 어려운 형세이니 바란들 어찌하겠습니까. 이생에서 두 번 만났으나 세 번 만나기는 어려울 것입니다. '금신무양석란산金身無恙錫蘭山'의 게송[103]을 잘 읊조려 수천 리 밖 동풍同風의 훈계에 부응합니다. 다만 여呂 스님의 말에 있으니 갖추지 못합니다. 밝게 살펴 주십시오.

寄鐵鷂師書

積年阻路。如在忘域。兩師忽至。雖無手札。對趺娓娓。以後有日。法體起居。以時享無量壽福。歸命頂禮。如水必東。某頭戴白雲。眼落紅花。閣書憮坐。植杖懶步。以待火光三昧之日而已。儼然天竺古蘭若之主。踵其文潭和尙之後跡。梁摧山壞人萎兮之如也。然而妥影燒香。光暉於三南之法界。何善如也。雖有信物。鴻毛難致之勢也。誦之奈何。此世二見而三見難矣。好誦金身無恙錫蘭山之頌。以副數千里同風之戒焉。只在呂口。不具靑照。

혼허 스님을 위로하는 편지

한 해가 다 가도록 소식이 없으니 항상 임천林泉을 향하여 그리워할 뿐입니다. 매우梅雨가 내리는 때에 병도 번뇌도 적으시며 새벽종과 저녁 안개에 부처님께 귀의하고 정례하시는지요. 저는 머리는 둥근 하늘을 이고 발로는 네모진 땅을 밟아 사람 모양만 그대와 같을 뿐이니 다시 무슨 말을 하겠습니까.

세계에 20번이나 증감하는 재앙이 있었고 바닷물도 차고 빠지는 조석潮汐이 있거늘 하물며 사람으로서 세상에 나와 생사를 면할 자가 그 몇이나 되겠습니까. 이것은 바로 전생의 보채報債가 남은 것입니다. 그러니 비록 괴롭다 할지라도 마음의 벗과 천안 대사千眼大士(관세음보살)와 함께 반려가 되어 마음과 입이 상응하여 주야로 함께하십시오. 사면을 받고 나면 산에 들어와 상하일숙桑下一宿[104]의 훈계를 따르면 참으로 좋을 것입니다. 나머지는 묵묵히 생각하는 가운데에 있으니 갖추지 못하고 우선 남겨 둡니다.

慰渾虛師書

歲色駸駸。音信落落。每向林泉。念誦而已。未審梅雨氣味。小病小惱。曉鐘暮烟。南無頂禮。某頭戴天圓。足履地方。與人同樣。與吾師亦同。更何提喩。世界有二十番增減之災。海水有盈縮之潮汐。況人之出世。能免者。其幾也。此是前債之餘縷也。雖曰困苦。與心友及千眼大士爲作伴侶。心口相應。晝夜同事。蒙有入山。以從桑下一宿之戒。至可至可。在默念中。不具姑留。

허 선달에게 답하는 편지

 자주 편지를 보내오고 자주 답장을 부쳐서 답장이 전해지고 부침浮沈(편지가 전해지지 않음)하는 것은 모두 심부름하는 이의 행동에 달렸는지라 다만 땅을 치며 탄식할 따름입니다. 이번에 두 자제분이 함께 이르러 수찰袖札까지 전해 주니 편지를 받은 기쁨은 한정이 있지만 사람을 만난 기쁨은 끝이 없습니다. 인하여 봄과 여름 사이에 생활과 마음이 강녕하고 왕성하신 것을 알고 축하하며 정축하는 마음을 가누지 못하겠습니다.
 저는 간경看經을 으뜸가는 선이라 여기고 차를 달이는 것을 수명을 연장하는 약제로 여겨 시내 밖의 일은 뜨거운 찻주발 소리와 같이 여기나니 어떤 티끌과 경계가 환몽과 같은 생활 중에 와서 괴롭히겠습니까. 공복功服[105]의 상사喪事는 생각과 꿈에서나 조문할 것이요, 불당佛堂은 폐문한 뒤에나 기약할 것입니다. 두 사람이 서서 재촉하여 몇 줄 어지러운 글로 답장 올리니 넓은 마음으로 살펴 주시기 바랍니다. 갖추지 못합니다. 답장 올립니다.

答許先達書

來來投書。去去謝答。答之沉之。皆因在傍人之指揮中事。叩地咄咄而已。此番兩令並至。兼出袖札。札喜有常。而人喜無極。因認春夏起居康旺。爲之贊賀。無任頂祝。某以看經爲上乘禪。煎茶爲延壽劑。溪外之事。若熱椀鳴聲。何塵何境。來惱於幻夢之中也。功服弔於思夢之中。佛堂期於閉門之後。雙節立促。數行荒亂。恕諒焉。不備狀謝。

신 참판에게 올리는 편지

해가 화살처럼 빨리 지나가서 문득 20년 세월이 흐르니 당신을 그리워하는 마음이 달이면 달마다 날이면 날마다 더합니다. 새봄에 당신의 생활과 건강이 수부壽富하고 강녕하신지요. 새벽종과 저녁 등불에 한없이 송축드립니다. 저는 몸은 무양하나 기근이 거듭되어 마을의 형편과 절의 모습이 말할 수 없는 지경에 이르게 되니 탄식하는 마음을 어찌 말할 수 있겠습니까.

아뢰올 말씀은 마을과 산속의 암자가 이구동성으로 이르기를, 유동鎔洞의 빛이 한 번 남쪽을 비추어 준다면 메마른 물의 물고기가 말라 죽을 것을 면하게 되고 예상翳桒의 아인餓人[106]이 덕에 보답하리니, 요컨대 당신의 위엄 있는 모습과 덕 있는 자태를 본 이후에 죽는다면 한이 없을 것입니다. 원하오니 이 백성들의 바람에 부응하여 한번 53고을을 돌보아 주시기를 바랍니다. 완파玩坡 스님이 길을 지나다 알현하는 편에 삼가 문안 편지 올립니다.

上申叅判書

年矢每催。奄過四五春秋。星斗之仰。月又月矣。朝復朝兮。伏未審元春令起居候。壽富康寧。曉鐘昏燈。無量誦祝。某身則無恙。而飢饉荐至。村形寺容。至於不可說之境。伏歎何達。就邑村山庵。異口同音曰。鎔洞光影。一照南方。則涸魚免脯。桒餓報德。要觀威容德色而後死無恨也。伏願副此興情之望。一顧五十三州焉。玩坡歷路入謁之便。謹修狀問。

제영각 다례문

지수智水는 깨끗하고 혜감慧鑑은 밝습니다. 자비를 평등하게 베풀고 충의를 원만하게 이루었습니다. 위험에 임하여 임기응변하였고 적을 헤아려 병력을 움직였습니다. 나아가서 적진을 쓸었고 가만히 앉아서 완악한 수괴를 복종시켰습니다. 공적은 정이鼎彝[107]에 새겼고 자성粢盛은 조두俎豆에 채웠습니다. 남쪽은 제향을 거두었으나 북쪽은 예전처럼 받들었습니다. 좋은 시절이 문득 이르니 슬픈 마음이 더욱 넘칩니다. 여러 가지 음식을 극진히 갖추어 전례를 준수하여 지킵니다. 삼가 홍제존자弘濟尊者 사명당泗溟堂 선사와 우세존자佑世尊者 뇌묵당雷默堂 선사를 좌우에 배식配食합니다. 상향.

祭影閣茶禮文

智水澄淳。慧鑑昭明。慈悲等施。忠義圓成。臨危制變。料賊應兵。行掃狂陣。坐服頑鯨。功銘鼎彝。粢實俎豆。南則撤享。北乃依舊。佳節奄及。悲懷愈透。庶羞備至。典禮遵守。謹以弘濟尊者泗溟堂禪師。佑世尊者雷默堂禪師。配食于左右。尙饗。

『범해선사문집』 제2권 끝
梵海禪師文集 第二終

범해 선사 행장

스님의 휘諱는 각안覺岸이요 자는 환여幻如, 호는 범해梵海이다. 가경嘉慶 25년 경진년(1820, 순조 20) 6월 15일에 태어나서 광서光緖 22년【조선 개국 505년】병신년(1896, 고종 33) 12월 26일 입적하였으니 동방에 몸을 나타내신 것이 77년이요 서방의 계율을 행한 지 64년이었다.

호남 청해淸海 범진梵津 구계九堦 사람으로 그 세계世系를 거슬러 올라가면 신라의 명철明哲 최치원의 후예요 본조本朝의 은사隱士인 최수강崔壽崗의 6세손이다. 아버지는 철徹이요, 어머니는 성산星山 배씨裵氏로 꿈에 연못의 백어白魚를 보고 낳았다. 좌우의 넓적다리 바깥에 길고 흰 무늬가 아롱져 있어 어언魚堰이라 이름하고 또한 초언超堰이라고도 하였다. 성품이 물고기를 즐겨 하지 않았으니 태교를 생각하여 결단코 속세를 벗어날 기연인 듯하다.

14세에 해남군 두륜산 대둔사 호의縞衣 선사【선사는 임진 창의모량사倡義募糧使이자 성균관 진사인 효자 창랑공滄浪公 정수암丁壽巖의 8세손이다.】에게 귀의하였고 16세에 삭발하고 출가하여 하의荷衣 선사에게 십계十戒를 받았으며, 초의草衣 율사에게 구족계를 받았다.【묵화黙和 선사, 화담華潭 선사를 갈마교수 羯摩敎授[108]의 지위로 삼았다.】 호의·하의·초의·문암聞菴·운거雲居·응화應化 등 6대 종사께 참학하였고 요옹蓼翁 이 선생께 유교를 열독하였으며 재의齋儀는 태호太湖 · 자행慈行 스님께 전수받았다.

27세에 호의 선사의 법인法印을 이어받아 불자拂子를 들어 개당하니 진불암과 상원암은 보리菩提의 법 도량이 되었고 북암과 만일암은 선禪을 설하는 별궁이 되었다. 여섯 번을 두루 화엄축기삼승법華嚴逐機三乘法을 강론하니 학인이 다투어 모였고, 열두 번 범망수연비니회梵網邃緣毘尼會를 설함에 문득 의론이 수레를 채웠으니, 실로 삼교三敎 학인의 스승이요 12종사의 적손嫡孫이다.

갑진년(1844, 헌종 10) 봄에 동쪽으로 방장산에 들어가셨고 인하여 조계산, 가야산, 영취산의 종찰宗刹을 참방하였다. 계유년(1873, 고종 10) 여름 남쪽으로 바다를 건너 탐라眈羅(제주도)의 한라산 명승지에 올랐다. 을해년(1875, 고종 12)에 북쪽으로 한양에 가서 삼각산의 자줏빛 기운과 구잠九岑의 높은 봉우리, 송악松岳(개성)의 준령, 기도箕都(평양)의 수려함을 눈과 마음으로 보고 취하였다. 묘향산의 보현암을 참배하고 금강산의 법기암에 예를 올렸다.

이에 명산대천의 화려함과 장강의 넓은 파도가 지혜의 산과 가슴의 바다에 가늑하여 이로부터 사람들이 보시 않아도 메아리처럼 호응하고 친구를 부르지 않아도 구름처럼 몰려들었다. 사람과 더불어 수창하면 훈도되어 취하고 격식에 맞추어 화운和韻하면 미리 지어 놓은 듯 솜씨가 있었다.

스님이 일찍이 말하였다. "정情이 속에서 움직여 밖을 꾸미는 것은 이백李白과 두보杜甫[109]의 문장이요, 회포가 마음에 쌓여 겉으로 드러난 것은 왕희지王羲之[110]와 조맹부趙孟頫[111]의 필법이다. 나는 다만 틈틈이 느낌을 일으켜 속된 말만 많을 뿐인데 알고도 고치지 못하는 것은 다만 회포를 서술하고 언어를 희롱할 뿐이기 때문이다." 대개 지으신 시문은 화려함은 제거하고 열매만 취하였으니 이른바 "살찐 껍질은 탈락하고 오직 참된 전단향栴檀香만 남았다."고 한 말이 참으로 그릇되지 않다.

저작을 대강 살펴보면 『경훈기警訓記』· 『유교경기遺敎經記』· 『사십이장경기四十二章經記』・『사략기史略記』・『통감기通鑑記』・『진보기眞寶記』・『박의기博議記』・『사비기四碑記』・『명수집名數集』・『동시선東詩選』 각각 1권씩이요『동사전東師傳』 4편, 시고詩稿 2편, 문고文稿 2편 합 20여 편이 세상에 행해진다. 다만 인쇄하여 펴지 못한 것이 한스러우니 혹 시절 인연을 기다리느라 그러한 것인가. 그 나머지 일생 동안 뛰어난 자취로 물욕에 깨끗하고 범행梵行이 우뚝하며 학문과 행실이 박통하고 교훈을 자애롭고 순순히 하시는 것은 어찌 감히 거친 붓과 짧은 언사로 만분의 일이나마 표현할 수 있겠는가. 요컨대 마음은 하늘을 거스르지 아니하였고 얼굴은 사람에게 부끄럽지 않다고 함이 바로 스님을 일컫는 것이다.

병신년(1896) 12월 25일에 문인【취운 동산翠雲東山】에게 명하여 말하였다. "세상 인연이 이미 다하여 죽음이 곧 다가오니 나는 내일 떠나리라. 선과 교를 전수한 이는 손가락을 꼽아 헤아릴 수 있다.【교는 원응 계정圓應戒定에게 전해지고 선교는 취운 혜오翠雲慧悟, 서해 묘언犀海妙彦, 금명 보정錦溟寶鼎, 율암 찬의栗庵讚儀 등에게 전해졌다.】 그대는 다만 선을 전하니 또한 힘쓸지어다." 입으로 절구 한 수를 읊었다.

여러 인연을 그릇 인식한 지 77년
창봉窓蜂[112]의 사업도 모두 망연하구나
문득 피안에 올라 시운 따라 소요하니
비로소 바다 위 물거품임을 깨닫네

그리고 목욕하고 옷을 갈아입고 나서 평상시와 같이 차를 마시고 이야기 나누며 밤새 서방을 염원하시다가 6일 여명에 이르러 문득 좌화坐化하시었다. 오호라, 스님이 오실 때 그 꿈이 이와 같았고 가실 때에 신령함이 이와 같았다. 천년의 후에도 영식靈識이 홀로 드러나고 진광眞光이 어둡지 않음을 증명하리라. 문생들이 이와 같이 이른다.

대정大正 6년 정사년(1917) 3월 모일 조계산 율암 찬의栗庵讚儀가 분향하고 삼가 기록하다.

梵海禪師行狀[1)]

師諱覺岸。字幻如。梵海其號也。嘉慶二十五年庚辰六月十五日生。光緒二十二年【朝鮮開國五百五年】丙申十二月二十六日化。應東身者。稀又七。服西戒者。順有四。湖南淸海梵津九塔人。泝其世系。新羅明哲崔孤雲之裔。本朝隱士崔公壽崗之六世也。父徹。母星山裵氏。夢見堰沼白魚而生。左右外胯。有長白紋彬彬焉。仍名魚堰。又曰超堰。性不嗜魚物。顧念胎敎。決爲超塵之機歟。十四投海南郡頭輪山大芚寺縞衣禪師。【師卽壬辰倡義慕粮使成均進士。孝子滄浪公丁壽巖之八世也。】十六薙染。受十戒於荷衣禪師。得具戒於草衣律師。【以默和禪師華潭禪師。爲羯摩敎授之位】叅學於縞衣荷衣草衣聞菴雲居應化六大宗師。閱儒敎於蓼翁李先生。受齋儀於太湖慈行師。二十七佩縞衣父之法印。堅拂開堂。眞佛上院。爲菩提之法場。北庵挽日。爲說禪之別宮。六周講華嚴逐機三乘法。競抱斗量。十二說梵網逐緣毗尼。勤論車載。實三敎學人之敎父。乃十二宗帥之嫡孫也。甲辰春東入力丈。芿叅曹溪伽耶鷲嶺之宗利。癸酉夏。南浮瀛海。躋攀耽羅漢挐之名勝。乙亥秋。北登漢陽三角之紫氣。九岑之崇峨。松岳之峻嶺。箕都之秀麗。目醉而心飽之。叅妙香之普賢。禮金剛之法起。於是。明山大川之華麗。長江洪浪之浩渺。汗漫於智岳胸海之間。自是。人不見而響應。朋不招而雲會。與人酬唱。有熏陶之醉。對格和韻。如宿搆之能也。師甞曰。情動內而華外者。李杜之文章。懷積衷而發表者。王趙之筆法也。吾唯隨暇興感。俚語襍遝。知而不改者。但述懷弄假而已。盖所著詩文。袪華取實。所謂脫落肥膚。惟眞旃檀在者。信不謬矣。槩考著作。警訓記。遺敎經記。四十二章經記。史畧記。通鑑記。眞寶記。博議記。四碑記。名數集。東詩選各一卷。東師傳四篇。詩稿二篇。文稿二篇。合二十餘篇。幷行于世。而只恨未暇印布。或待時緣而然歟。其餘時順間。事蹟犖犖者。即物慾之潔潔。梵行之亭亭。學行之博通。敎訓之慈諄。安敢以禿穎短詞。售其萬一哉。摘要觀之。心不逆天。面不愧人。正謂此也。赤猿之臘念五日。命門人【翠雲東山】等曰。世緣已盡。大命俄遷。吾當明日行矣。禪敎所傳。指可屈而得也。【敎傳圓應戒定。禪敎幷傳翠雲慧悟犀海妙彥錦溟寶鼎栗庵讚儀等云】。君唯傳禪。亦勉旃。口占一絶曰。妄認諸緣稀七年。窓蜂事業摠茫然。忽登彼岸騰騰運。始覺浮漚海上圓。仍以灌浴改衣。茶話一如。竟夜念西。至六日黎明。奄然坐化。嗚呼。師之來也。其夢如是。師之去也。其靈如是。千載之下。靈識獨露。眞光不昧。想應證明。門生之如是如是云尓。

大正六年丁巳三月日。曹溪山栗庵讚儀。焚香謹識。

---

1) 『梵海禪師文集』에는 「梵海禪師行狀」에 이어 「梵海禪師詩集後跋」이 수록되어 있다. 그러나 이는 『梵海禪師詩集』을 함께 펴내면서 위치를 잘못 수록한 것으로 보이기 때문에 본 번역서에서는 이를 『梵海禪師詩集』의 발문으로 옮겨 싣는다. 『韓國佛敎全書』의 편자 역시 "이 글은 『梵海禪師詩集』 뒤에 있어야 한다."라고 한 바 있다. 저본의 마지막 장에는 〈梵海文集正誤表〉가 첨부되어 있다. 23곳의 입력 오류를 시정하였다.

주

1 **신문신문信文** : 원뜻인 인신문권印信文券의 준말로, 관인이 찍힌 공문서를 일컫는다.
2 **아일다阿逸陁의 용화회龍華會** : 아일다는 ⑤ Ajita, 미륵보살의 자字. 구역은 아일다·아기다阿嗜多, 신역은 아제다阿制多·아시다阿氏多라 음역하고, 번역하여 무능승無能勝이라 한다. 가장 승하다는 뜻. 용화회는 미륵보살이 성불한 후 중생을 제도하는 법회. 미륵보살은 56억 7천만 년 후에 용화수 아래서 성불하고, 화림원華林園에 모인 대중에게 경을 설하는데, 제1회의 설법에 의하여 아라한을 얻을 이가 96억 명, 제2회의 설법에 의하여 아라한을 얻을 이가 94억 명, 제3회의 설법에 의하여 아라한을 얻을 이가 92억 명이라 한다. 이 미륵의 3회 설법을 용화삼회라 한다.
3 **육위六偉** : 상량시의 첫 구절 '아랑위兒郞偉'는 대들보를 올리는 의성어로 우리말의 어영차와 같다. 동서남북과 천지상하의 여섯 방향을 노래하니, 아랑위가 여섯 번 반복된다. 그래서 육위송이라고 한다.
4 **사갈라왕沙竭羅王** : ⑤ Sāgaranāgarāja. 8대용왕大龍王의 하나. 사가라는 큰 바다로, 바다의 용왕이란 말. 불법을 수호하는 이. 『法華經』에 8세 용녀龍女의 성불을 말한 것이 곧 이 용이다.
5 **세 번 축원하네** : 원문 '三祝'은 화봉삼축華封三祝의 준말. 요堯임금이 화華라는 지방을 지날 때 봉인封人(국경지기)이 와서 빌기를 "임금께서는 장수하시고 부귀하시고 강녕하소서."라고 하였다. 『莊子』「天地」.
6 **자씨慈氏** : 미륵보살의 성으로, 미륵보살을 말한다.
7 **수달다須達多** : ⑤ Sudatta. 석존과 같은 때 사위성에 살던 부호부호로, 기원정사를 지어 부처님께 드렸다. 수달다·소달다蘇達多라고 음역하고, 선시善施·선수善授·선온善溫 등이라 번역한다. 또 가난한 이에게 혜시惠施하므로 급고독給孤獨이라고도 한다. 바사닉왕의 주장리主藏吏.
8 **우바국다優波毱** : ⑤ Upagupta. 우바국다優婆毱多. 오바급다鄔波笈多·우바굴다優波掘多라 음역하고, 근호近護·대호大護·근장近藏·무상無相이라 번역한다. 불법을 전해 받은 제4조로 아육왕의 스승이다. 마돌라摩突羅국에 출생. 17세에 상나화수商那和修에게 가서 배우고 아라한과를 얻었다. 아육왕을 위하여 우타산으로부터 화씨성에 이르러 설법하고, 왕에게 권하여 부처님의 유적에 8만 4천의 탑을 세웠다고 한다.
9 **색금塞琴은 백제~읍의 호칭이다** : 색금과 침명浸溟 모두 해남의 옛 지명이다.
10 **기성箕星과 미성尾星** : 이십팔수二十八宿 중 동남방에 있는 창룡 칠수蒼龍七宿 중의 별자리.
11 **도현道玄** : 오도현吳道玄(700?~760?). 중국 당나라 때의 화가. 현종에게 그림 재주를

인정받아 궁정 화가가 되었다. 날카롭고 속도감 있으며 억양이 심한 필치로 그렸는데 백묘白描의 벽화 등이 이 경향을 대표한다. 또 나무·들·땅거죽 등의 주름을 그리는 동양화 입체 표현의 한 방법인 준법皴法을 처음으로 사용했다. 인물·금수·대전臺殿·초목 등 모든 면에 걸친 묘법을 일변시켰고, 동양 회화에 큰 영향을 끼쳤다.

12 곤오昆吾 : 처음 기와를 만든 전설상의 인물.

13 기수祇樹 : 원래는 기원정사가 있는 숲인데 여기에서는 벌목을 할 숲의 뜻으로 쓰인 듯하다.

14 아축불阿閦佛 : ⓢ Aksobhya-Buddha. 아축불이라고도 읽는다. 동방의 현재불, 남방 보상불寶相佛, 서방 무량수불無量壽佛, 북방 미묘성불微妙聲佛과 더불어 사방 현재불을 이룬다. 아축비阿閦毘·아추비야阿芻毘耶·아축바阿閦婆 등으로도 음역하며, 무동無動·부동不動·무노불無怒佛 등이라 의역한다. 불교의 붓다(부처)관觀으로서, 역사적 인물인 석가 이외에 과거·현재·미래에 걸쳐 무수한 붓다가 있어 각각 설법을 하고 있다고 말한다. 『阿閦佛國經』에 의하면 아축은 과거 동방의 아비라타阿比羅提 나라의 대일여래大日如來 아래에서 발심發心을 하였다. 어떠한 사물에도 마음이 동요하지 않고 절대로 화내지 않겠다는 무진에無瞋恚의 서원을 하고 그 수행에 따라 동방세계에서 성불成佛하여 아축불이 되었으며, 현재도 설법을 하고 있다는 것이다. 『法華經』의 「化城喩品」에는 대통지승불大通知勝佛의 16왕자 중 제1왕자인 지적智積이 동방세계에서 성불하였다고 쓰여 있다. 또한 『悲華經』에서는 미타彌陀의 전신인 무쟁념왕無諍念王의 왕자 천 명 중 제9왕자가 아축으로서 동방 묘락국妙樂國에서 성불하였다고 한다. 아축불국이란 곧 이 동방세계를 가리킨다. 밀교에서는 그를 금강계金剛界 5불의 하나로서 대원경지大圓鏡智를 나타내는 것이라고 한다.

15 사사四事 : 공양하는 네 가지. ① 의복, 음식, 와구臥具, 탕약湯藥. ② 의복, 음식, 산화散華, 소향燒香. ③ 방사房舍, 음식, 의복, 산화소향散華燒香.

16 공수반公輸般 : 춘추시대 노魯나라의 뛰어난 장인. 일찍이 높은 사다리(雲梯)를 만들어서 송宋의 성을 공략했다고 한다.

17 삼장三藏 : ⓢ Tripiṭaka, ⓟ Tipiaka. 불교 전적典籍의 총칭. ① 경장經藏. 부처님이 말씀하신 법문을 모은 부류部類의 전적. ② 율장律藏. 부처님이 제정하신, 일상생활에서 지켜야 할 규칙을 말한 전적. ③ 논장論藏. 경에 말한 의리를 밝혀 논술한 전적. 삼장에 능통, 해박한 이를 삼장 법사三藏法師라 한다.

18 부전頫佺 : 머리를 숙여 아래를 살피는 것.

19 앙규仰揆 : 우러러 헤아리는 것.

20 사가謝家의 보수寶樹 : 훌륭한 자손이란 뜻이다. 진晉나라 때 사현謝玄이 숙부인 사안謝安의 질문을 받고 대답하기를 "비유하자면 지초芝草나 난초蘭草 또는 좋은 나무를 집 앞 계단이나 뜰에 심고자 하는 것처럼 그런 귀염을 받는 인물이 되고 싶습니다."라

고 한 데서 나온 말이다. 『世說新語』「言語」.
21 소씨蘇氏의 목가산木假山 : 송나라 소순蘇洵이 세 개의 봉우리로 이루어진 목가산을 만들어서 자신과 두 아들 소식蘇軾, 소철蘇轍에 견주었다.
22 진나라 소나무 : 진시황秦始皇은 천하를 통일하고 태산에 올라가 하늘에 제사를 지내고 내려오다가 갑자기 비를 만나 큰 소나무 밑에서 비를 피하고 그 나무를 오대부五大夫에 봉한 일이 있다. 좋은 나무라는 뜻이다. 『史記』「秦始皇本紀」.
23 촉나라 잣나무 : 제갈공명諸葛孔明의 사당이 있는 금관성錦官城에 있었던 잣나무. 당나라 두보杜甫가 지은 〈古柏行〉에 "제갈공명 사당 앞에 잣나무 있어 가지는 청동 같고 뿌리는 바위 같네.(孔明廟前有老柏。柯如青銅根如石)"라고 하였다.
24 업경業鏡 : 지옥에 있는 거울. 여기에 비추면 죽은 이가 생전에 지은 선악의 행업이 그대로 나타난다고 한다.
25 오도五道 : 또는 오취五趣. 도道는 중생이 업인業因에 따라 왕래하는 곳. 지옥·아귀·축생·인도·천도.
26 팔한八寒 : 모진 추위로 고통을 받게 하는 여덟 큰 지옥. 남섬부주의 밑으로 5백 유순되는 곳, 팔열 지옥의 곁에 있다고 함. ① 알부타頞部陀, 포皰라 번역. 매서운 추위로 몸이 부르트는 지옥, ② 니랄부타尼剌部陀, 포열皰裂이라 번역. 추위로 몸의 부르튼 것이 터지는 지옥, ③ 알찰타頞哳吒, ④ 확확파臛臛婆, ⑤ 호호파虎虎婆, 이 셋은 추위에 못 견디어 내는 소리로 이름한 것, ⑥ 올발라嗢鉢羅, 청련화青蓮華라 번역. 심한 추위로 몸이 퍼렇게 어혈지며 가죽과 살이 얼어 터져서 푸른 연꽃같이 되는 지옥, ⑦ 발특마鉢特摩, 홍련화紅蓮華라 번역. 살과 가죽이 벌겋게 되며 부르터 붉은 연꽃(홍련화)같이 되는 지옥, ⑧ 마하발특마摩訶鉢特摩, 대홍련화大紅蓮華라 번역. 살과 가죽이 내홍련화같이 되는 지옥.
27 한나라의 잣나무 : 후한 광무제의 장군이었던 풍이馮異는 논공행상을 할 때면 항상 큰 나무 뒤에 숨어서 대수 장군이라 불렸고 그 나무를 장군수라고 하였다. 다만 이 글의 고사는 어느 것을 인용한 것인지 자세하지 않다.
28 숭화嵩華에서 축원을 외치니 : 부귀와 장수 등을 누리라고 송축頌祝하는 것을 말한다. 화봉인華封人이 요堯임금에게 수壽와 부富와 다남多男을 기원했던 이야기가 전한다. 『莊子』「天地」.
29 근폭芹曝의 정성을 바치니 : 옛날 미나리 맛이 기막히다고 윗사람에게 바쳤다가 조소를 당한 헌근獻芹의 고사와 따뜻한 햇볕을 임금에게 바치면 중상重賞을 받을 것이라며 기뻐했다는 헌폭獻曝의 고사가 있다. 여기서는 작은 정성을 말한다. 『列子』「楊朱」, 『博物志』.
30 전성前星 : 세자世子를 나타내는 별이다. 진晉나라 천문지天文志에, "심心이란 별자리가 있는데, 중간별(中星)은 천자天子를, 앞별(前星)은 태자太子를, 뒷별(後星)은 서자庶

子를 가리킨다."라고 하였다.
31 칠요七曜 : 해와 달, 그리고 수성, 금성, 화성, 목성, 토성을 가리킨다.
32 하택荷澤 : 신회神會(685~760). 당나라 낙양 하택사 스님. 14세에 출가하고 육조 조계曹溪에게서 수년을 있으면서 그 뜻을 잘 받들었다. 뒤에 서경에 가서 구족계具足戒를 받고 경룡景龍 때 조계산에 돌아왔다. 육조 대사가 입적한 후 20년간 조계의 돈지頓旨가 침몰되고, 숭악嵩嶽의 점문漸門이 낙양성에 성행하였을 때에 서울에 들어가 742년(천보 4) 남북돈점南北頓漸의 양종兩宗을 정하여 『顯宗記』를 지었다.
33 고봉高峯 : 원묘原妙(1238~1295). 원나라 스님. 남악 하 제21세 설암 조흠雪岩祖欽의 제자. 성은 서徐씨, 휘는 원묘原妙, 소주蘇州 오강吳江 사람. 15세에 출가하고 18세에 천태교天台敎를 공부하다가 20세에 정자사淨慈寺에 들어가 '3년 사한死限'을 세워 단교斷橋 화상에 묻고 북간사北磵寺 설암을 처음으로 참방하였다. 1261년 삼탑사三塔寺에서 깨달아 설암의 법을 이었다. 뒤에 천목산天目山 서봉西峰에 주석하며 선풍을 드날려 수백 명의 제자를 길렀다. 『高峯錄』 1권이 전한다.
34 은隱 장로 : 『禪文手鏡』의 저자인 백파 긍선白坡亘璇(1767~1852)으로 보인다. 호는 백파白坡이고 본관은 전주이며, 성은 이李씨이다. 12세에 고창 선운사禪雲寺의 시헌 장로詩憲長老에게서 승려가 되고, 용문암龍門庵을 거쳐 영원암靈源庵에 이르러 상언尙彦에게 서래西來의 종지를 배우고, 구암사龜岩寺에서 회정懷情의 법통을 잇고 백양산 운문암雲門庵에서 개당開堂하였다.
35 중부자中孚子 : 초의 의순草衣意恂(1786~1866)의 자. 순조와 헌종 때 승려로 호는 해옹海翁·해사海師 등이다. 15세에 운흥사雲興寺의 벽봉 민성碧峰敏性을 스승으로 모셨고, 24세에 강진康津에서 유배생활을 하던 다산茶山 정약용丁若鏞과 교유했으며, 30세에 서울에 올라와 추사秋史 김정희金正喜, 자하紫霞 신위申緯 등과 사귀었는데 이때 많은 시를 지었다. 55세 때 살아 있는 채로 헌종憲宗에게 시호諡號를 받았다. 시서화詩書畫에 뛰어난 삼절三絶이었다. 저서에 『一枝庵詩稿』 등이 있다.
36 아는 것을~것이 지다 : 공자가 말하기를 "너에게 앎을 가르쳐 주겠다. 아는 것을 안다 하고 모르는 것을 모른다고 하는 것이 참된 지다.(誨女知之乎。知之爲知之。不知爲不知。是知也。)"라고 하였다. 『論語』「爲政」.
37 활을 당기기만~쏘지 않아 : 인이불발引而不發은 활시위를 당기되 쏘지 않는다는 말. 학문을 가르치는 간결한 방법론으로서, 공부하는 방향만을 잡아 주되 세밀하게 알려주지는 않아 스스로 깨닫게 하는 것을 말한다. 『孟子』「盡心」上.
38 요어要語 : 이 글에서 『禪門謾語』라 하는 『禪門四辯漫語』를 말하는 것으로 보인다.
39 목숙穆叔 : 춘추시대 노魯나라의 대부로서 진晉나라를 방문했는데 진나라의 집정자執政者가 영원한 것이 무엇인가를 묻는 물음에 대답하기를 "입덕立德·입공立功·입언立言."이라고 하였다.

40 발초첨풍撥草瞻風 : 스승을 찾아서 이리저리 행각하는 일을 말한다.

41 노 공盧公의 오종五宗 : 노 공은 육조六祖 혜능慧能을 가리킨다. 혜능의 속성이 노씨이다. 오종은 혜능으로부터 배출된 선종 다섯 종파를 말하는 것이니 위앙종潙仰宗·임제종臨濟宗·조동종曹洞宗·운문종雲門宗·법안종法眼宗을 말한다.

42 소씨蘇氏의 삼봉三峯 : 주 21 참조.

43 납월臘月의 부채 : 쓸모가 없다는 뜻이다.

44 구분口分 : 자손이 없이 죽은 관원의 아내, 부모가 모두 죽은 출가 전의 딸이나 또는 전장에 나가서 자손이 없이 죽은 군인의 아내에게 그 등분에 따라 주던 토지를 구분전口分田이라 한다. 여기에서는 다른 뜻인 듯한데 자세하지가 않다.

45 설순雪笋 : 삼국시대 오吳나라 사람 맹종孟宗은 병이 위중한 어머니가 한겨울에 죽순을 먹고 싶어 하자 대숲에 들어가 슬피 울었는데 죽순이 돋아났다고 한다.

46 빙어氷魚 : 진晉나라 사람 왕상王祥은 계모 주씨朱氏가 겨울에 생선을 먹고 싶어 하자 옷을 벗고 얼음을 깨고 물에 들어가 고기를 잡으려 하였는데 홀연히 얼음이 풀리며 잉어 두 마리가 뛰어올랐다 한다.

47 매자埋子 : 통일신라 흥덕왕興德王 때 손순孫順이 어머니의 음식을 빼앗아 먹는 자신의 아이를 매장하려다 석종石鐘을 얻은 후 왕에게 포상을 받았다고 한다. 또한 곽거郭巨의 고사도 있다. 곽거는 후한後漢 때 사람인데, 집이 몹시 가난하였으나 효성이 지극하였다. 노모를 봉양하는데 세 살 난 아들이 어머니의 반찬을 뺏어 먹는다고 하여 아들을 산에 가 묻으려고 땅을 팠는데 땅속에서 황금의 가마솥이 나왔다고 한다.

48 각목刻木 : 정란丁蘭의 고사. 정란은 어려서 부모를 잃었다. 부모를 봉양하지 못한 것이 한이 되어 부모의 초상과 비슷하게 나무를 깎아서 부모를 섬기듯 하였다. 하루는 이웃 사람 장숙張叔의 아내가 찾아와서 정란의 아내에게 물건을 빌리려고 청하였다. 정란의 아내가 깎은 나무에게 절을 하는 것을 장숙의 아내가 좋지 않게 여기는 듯하여 빌려주지 않았더니, 장숙이 술을 마시고 와서 행패를 부렸고 그러자 깎은 나무가 장대로 변하여 장숙의 머리를 마구 때렸다.

49 목련존자는 청녀靑女의~구해 주었으니 : 목련존자가 지옥에 빠진 어머니를 구해 준 일이다.

50 『효경孝經』: 공자孔子가 제자인 증자曾子에게 전한 효도에 관한 논설 내용을 훗날 제자들이 편저編著한 것으로, 연대는 미상이다. 천자天子·제후諸侯·대부大夫·사士·서인庶人의 효를 나누어 논술하고 효가 덕德의 근본임을 밝혔다. 우리나라에 전래된 시기는 확실하지 않으나 신라 시대에 독서삼품과讀書三品科를 설치하였을 때 그 시험 과목의 하나로 쓰인 기록이 있다.

51 『통감通鑑』: 『資治通鑑綱目』은 사마광司馬光이 편찬한 『資治通鑑』294권을 저본으로 남송의 주희가 59권으로 편찬한 강목체 역사서로, 큰 제목으로 강綱을 세우고 세부 항

목을 목目으로 구별하여 편찬한 책이다. 조선에서 처음 간행된 『資治通鑑綱目』은 1420년(세종 2)에 간행된 경자자본庚子字本으로, 왕유학王幼學의 「通鑑綱目集覽」과 왕극관汪克寬의 「通鑑綱目考異」를 『資治通鑑綱目』의 해당 부분에 절록·편입하여 간행한 것이다. 이후 최초의 연활자鉛活字인 병진자丙辰字로 강을 인쇄하고 목과 주석은 초주갑인자初鑄甲寅字로 인쇄한 책이 발간되었는데, 이는 1438년(세종 20)에 간행된 사정전훈의思政殿訓義『資治通鑑綱目』으로 알려져 있다.(『한국민족문화대백과사전』 참조)

52 내가 유독~흉노匈奴를 근심하겠는가 : 한漢나라 문제文帝 14년(B.C. 166)에 낭서장랑署長 풍당馮唐과 흉노의 근심에 대해서 논하다가, 전국시대에 북방을 지켰던 조趙나라의 명장 염파廉頗와 이목李牧이 있으면 흉노를 제압할 수 있으리라 했던 고사이다.

53 담무덕曇無德 : ⑤ Dharmagupta. 담무국다曇無毱多·담마굴다가曇摩屈多迦·담무덕曇無德·달마급다達磨及多라고도 하며, 번역하여 복법覆法·법장法藏·법경法鏡·법호法護라 한다. B.C. 4세기경의 논사論師라고 전하는 우바국다優婆毱多의 제자로서 율장律藏의 한 학파인 담무덕부曇無德部를 세웠는데 이를 담무덕률曇無德律이라 한다. 내용이 4종으로 나뉘어 있으므로 사분율四分律이라고도 한다.

54 살바다薩婆多 : 소승 20부의 하나. 설일체유부說一切有部를 말한다.

55 가섭유迦葉遺 : ⑤ Kāśyapīya. 가섭유迦葉維·가섭비迦葉毘·가섭파迦葉波라고도 한다. 불멸후 백 년(B.C. 445)경 우바국다의 제자인데, 그 법형제 다섯 사람이 있어 각기 의견을 달리한 까닭에 율장律藏이 5부로 나뉘게 되었다. 가섭유의 부파를 가섭유부라 하며, 번역하여 음광부飮光部라 한다.

56 미사색彌沙塞 : ⑤ Mahīśāsaka. 율부律部의 이름. 화타他라 번역. 우바국다의 다섯 제자 중 한 사람. 이 율의 주인에 의한 부部를 화지부化地部라 하며, 율본율本을 『五分律』이라 한다.

57 바차부라婆蹉富羅 : 독자부犢子部의 다른 이름. 불멸후 3백 년경에 설일체유부에서 갈라진 학파. 만유萬有를 유위有爲의 3세世와 무위無爲와 불가설不可說의 5장藏으로 나누어 설명하고, 중생에게는 실아實我가 있다고 주장하였다. 이는 불교의 진무아眞無我의 이치에 어긋나므로, 이 학파를 불법 안 외도, 또는 부불법附佛法 외도라 한다.

58 칠차七遮 : 칠차죄七遮罪. 일곱 가지 지극히 무거운 죄. ① 부처의 몸에 피를 나게 함, ② 아버지를 죽임, ③ 어머니를 죽임, ④ 화상和上을 죽임, ⑤ 아사리阿闍梨를 죽임, ⑥ 교단의 화합을 깨뜨림, ⑦ 성인聖人을 죽임. 이 가운데 하나라도 저지르면 계戒를 받지 못하므로 차遮라고 한다.

59 아양峨洋 : 유수곡流水曲은 춘추시대 백아伯牙가 타고 그의 벗 종자기鍾子期가 들었다는 거문고 곡조로, 고산유수곡高山流水曲 또는 아양곡峨洋曲이라고도 한다. 백아가 거문고를 잘 탔는데 종자기는 이것을 잘 알아들었다. 그리하여 백아가 마음속에 '높은 산(高山)'을 두고 거문고를 타면 종자기는 이를 알아듣고 "아, 훌륭하다. 험준하기가 태

산과 같다.(善哉。峨峨兮若泰山。)"라고 하였으며, 백아가 마음속에 '흐르는 물(流水)'을 두고 거문고를 타면 종자기는 이를 알아듣고 "아, 훌륭하다. 광대히 흐름이 강하와 같다.(善哉。洋洋兮若江河。)"라고 하였다. 이를 지음知音이라 하여 친구 간에 서로 상대의 포부나 경륜을 알아줌을 비유하게 되었다. 『列子』「湯問」.

60 다보여래多寶如來 : Ⓢ Prabhūtaratna. 동방 보정세계寶淨世界의 교주敎主. 보살로 있을 때에 "내가 성불하여 멸도한 뒤, 시방세계十方世界에서 『法華經』을 설하는 곳에는 나의 보탑寶塔이 솟아 나와 그 설법을 증명하리라."라고 서원한 부처님. 석존이 영산靈山에서 『法華經』을 설할 때에도 그 탑이 솟아 나왔다고 하였다.

61 훈지塤篪 : 질 나팔을 불면 저가 화답하는 것처럼 형제간의 우애가 화락한 것을 말한다. 『詩經』「大雅」〈生民〉.

62 척령鶺鴒 : 위급한 상황에서의 형제간의 우애를 나타낸다. 『詩經』「小雅」〈鹿鳴〉.

63 라후라羅睺羅 : Ⓢ Rāhula. 번역하여 부장覆障. 석존의 아들. 석존이 태자로 있을 때 출가하여 도를 배우려고 마음을 내었다가, 아들을 낳고는 장애됨을 한탄하여 라후라로 불렀다. 석존이 성도한 뒤에 출가하여 제자가 되었다. 밀행제일密行第一. 사미의 시초.

64 기원정사祇園精舍 : 또는 기원정사祇洹精舍. 중인도 사위성 남쪽의 기수급고독원에 지은 절. 부처님과 그 제자들이 설법하고 수도하도록 하기 위하여 수달 장자須達長者가 기증하였다. 7층의 가람으로 자못 장려하였는데, 당나라 현장玄奘이 그곳을 순례하던 때는 벌써 황폐하였다고 전한다.

65 섭등葉騰 : Ⓢ Kāśyapa-Mātaga. 축섭마등竺葉摩騰·섭마등攝摩騰·마등摩騰이라고도 쓴다. 중인도 사람으로 총명하여 대소승의 경·율에 정통하였다. 서인도에서 『金光明經』을 강설하여 이름을 드날리고, 후한後漢 명제明帝의 사신 채음蔡愔 등의 간청으로 67년(영평 10) 축법란竺法蘭과 함께 중국에 왔다. 『四十二章經』1권을 번역하였는데, 중국 역경의 시초가 된다. 그 뒤 오래지 않아 낙양洛陽에서 입적하였다.

66 달마達摩(?~528?) : Ⓢ Bodhidharma. 중국 선종禪宗의 창시자. 범어로는 보디다르마이며 보리달마菩提達磨로 음사音寫하는데, 달마는 그 약칭이다. 남인도(일설에는 페르시아) 향지국香至國의 셋째 왕자로, 후에 대승불교의 승려가 되어 선禪에 통달하였다. 520년경 중국에 들어와 북위北魏의 낙양에 이르러 동쪽의 숭산嵩山 소림사少林寺에서 9년간 면벽좌선面壁坐禪하고 나서, 사람의 마음은 본래 청정하다는 이리를 깨달아야 한다고 주장하고, 이 선법禪法을 제자 혜가慧可에게 전수하였다.

67 삼신三身 : 부처의 세 가지 몸, 즉 법신法身·보신報身·화신化身을 말한다. 이에 대해서는 여러 가지 해설이 있는데, 대체로 법신은 석가釋迦의 본성을 뜻하고, 보신은 석가의 덕업德業을 가리키고, 화신은 역사적으로 실존했던 석가의 육신을 가리키는 것으로 보는 것이 일반적이다.

68 미경米䴵 : 미상이다.

69 가난한 여인의 등 : 빈녀일등貧女一燈이라고도 한다. 가난한 여인이 공양하는 등불이 큰 부자가 공양하는 등불보다 훌륭하다는 말로 옛날에 부처님이 아사세왕阿闍世王의 초청을 받아 왕궁에서 설법하고 밤이 되어 기원정사로 돌아가려 할 때에, 왕은 대궐에서 절까지 가는 길에 수만 개의 등불을 켜서 공양하였다. 그때에 한 노파가 자기도 거리에서 구걸하여 얻은 돈 2전을 가지고 기름을 사서 등불 하나를 켜서 공양하였다. 이 한 등불은 왕의 수만 개 등보다 광명이 유달리 밝았고, 새벽이 되어 수만 개의 등은 다 꺼졌으나, 이 한 등만은 더욱 불빛이 빛났다. 그때에 부처님께서 목련에게 "이 노파는 일찍이 80억 부처님께 공양하였으니 30겁 후에는 부처가 되어 '수미등광여래須彌燈光如來'라고 하리라."라고 하신 데서 기원한 말이다.

70 청전青氈 : 청전구물青氈舊物의 준말로, 으뜸가는 선조의 유물이라는 뜻이다. 진晉나라 왕헌지王獻之의 집에 좀도둑이 들었을 때, 다른 물건을 훔칠 때에는 모르는 체하고 누워 있다가, 탑상榻牀에 올라 손을 대려 하자, "그 청전은 우리 집안의 구물舊物이니 그냥 놔둘 수 없겠는가."라고 말하여, 도둑을 깜짝 놀라게 했다는 고사에서 나온 것이다. 『晉書』「王獻之列傳」.

71 혜가慧可(487~593) : 중국 선종의 제2조. 이름은 신광神光, 속성은 희姬씨. 낙양 용문의 향산에서 출가했다. 여러 곳으로 다니면서 불교와 유교를 배우고, 32세에 향산에 돌아와 8년 동안 좌선하였다. 40세에 숭산 소림사에 보리달마菩提達磨를 찾아가서 눈 속에 앉아 가르침을 구하였으나 허락하지 않자 왼팔을 끊어 그 굳은 뜻을 보여 마침내 허락을 받고 크게 깨달았다. 552년 제자 승찬僧璨에게 법을 전하고, 업도鄴都에 34년 동안 머물렀다. 뒤에 관성현 광구사에서 『涅槃經』을 강하여 여러 사람들이 깊이 그를 추종하였으나 중 변화辯和의 참소로 인해 수나라 개황 13년 적중간翟仲侃의 혹형으로 107세를 일기로 입적하였다. 당 태조가 정종보각대사正宗普覺大師로 시호하였다.

72 소씨蘇氏의 서序 : 소씨는 소순蘇洵(1009~1066)으로 자는 명윤明允, 호는 노천老泉이다. 소순이 족보에 자신의 직계만을 자세히 적고 방계는 적지 않은 것을 말한다.

73 나비의 꿈 : 『莊子』「齊物論」에 "언젠가 장주가 꿈속에서 나비가 되었다. 나풀나풀 잘 날아다니는 나비의 입장에서 스스로 유쾌하고 만족스럽기만 하였을 뿐 자기가 장주인 것은 알지도 못하였는데, 조금 뒤에 잠을 깨고 보니 엄연히 장주라는 인간이었다. 모를 일이다. 장주의 꿈속에 나비가 된 것인가, 나비의 꿈속에 장주가 된 것인가. 하지만 장주와 나비 사이에는 분명히 구분이 있을 것이니, 이것을 일러 물의 변화라고 한다.(昔者莊周夢爲胡蝶。栩栩然胡蝶也。自喩適志與。不知周也。俄然覺則蘧蘧然周也。不知周之夢爲胡蝶與。胡蝶之夢爲周與。周與胡蝶則必有分矣。此之謂物化。)"라는 유명한 '호접몽'의 이야기가 나온다.

74 향수해香水海 : 향해香海와 동일. 향수의 바다. 수미산을 둘러싸고 있는 내해內海. 여기에는 연화장세계 향수해와 사바세계 향수해의 두 가지가 있다.

75 산신령은 백양을~밟고 출입한다 : 백양사는 632년(백제 무왕 33) 여환如幻이 창건하여 백암산 백양사라고 했으며, 1034년(덕종 3) 중연中延이 중창하면서 정토사淨土寺라고 개명했다. 1350년(충정왕 2) 각진 국사가 3창하고, 1574년(선조 7) 환양喚羊이 현재의 백양사라고 개칭했는데 이것은 환양의 『法華經』 독경 소리에 백학봉에 있는 흰 양 떼가 자주 몰려온 것에서 기인한 것이라고 한다.

76 포옹圃翁 : 정몽주鄭夢周(1337~1392). 고려의 문신이자 정치가·유학자이다. 본관은 연일延日, 자는 달가達可, 호는 포은圃隱, 시호는 문충文忠이다. 고려삼은高麗三隱의 한 명으로 잘 알려져 있다. 문과 급제 후 여러 벼슬을 지내고 성균관대사성, 예의판서, 예문관제학 등을 지내며 친명파 신진사대부로 활동하였으나 역성혁명과 고려개혁을 놓고 갈등이 벌어졌을 때 온건개혁을 선택하였으며, 조선 건국에 반대하다가 1392년 개성 선죽교에서 이방원에게 살해되었다. 경상북도 영천永川 출신이며, 이색의 문인이었다. 제자 중 길재는 사림파의 비조가 되었고 권우는 세종대왕의 스승이 되었다. 역성혁명에 반대하다가 이방원에게 살해되었으나 1401년(태종 1) 태종에 의해 영의정에 추증追贈되고 익양부원군益陽府院君에 추봉되었다.

77 각로覺老 : 고려 때 백양사를 중창했던 각진 국사覺眞國師.

78 도사다천都斯多天 : ⓢ Tusita-deva. 도솔천兜率天과 동일. 욕계 육천의 하나. 도사다覩史多·투슬다鬪瑟哆·도솔타兜率陀·도술兜術이라고도 쓰며, 상족上足·묘족妙足·희족喜足·지족知足이라 번역한다. 수미산의 꼭대기에서 12만 유순 되는 곳에 있는 천계天界로서 칠보로 된 궁전이 있고 한량없는 하늘 사람들이 살고 있는데, 내·외의 2원院이 있다고 한다. 외원外院은 천중天衆의 욕락처欲樂處이고, 내원內院은 미륵보살의 정토라 한다. 미륵은 여기에 있으면서 설법하여 남섬부주南贍部洲에 하생하여 성불할 시기를 기다리고 있다. 이 하늘은 아래에 있는 사왕천·도리천·야마천이 욕정에 잠겨 있고, 위에 있는 화락천·타화자재천이 들뜬 마음이 많은 데 대하여, 잠기지도 들뜨지도 않으면서 오욕락에 만족한 마음을 내므로, 미륵 등의 보처보살이 있다고 한다.

79 부근斧斤 : 초楚나라 장석匠石이 상대방의 코끝에다 하얀 흙을 얇게 발라 놓고는 자귀를 바람 소리가 나게 휘둘러(運斤成風) 그 흙만 떼어 내고 상대방은 다치지 않게 했다는 이야기에서 비롯된 말로 여기서는 훌륭한 선풍禪風을 뜻한다. 『莊子』 「徐无鬼」.

80 나락奈落 : ⓢ naraka, nāraka. 날락가捺落迦와 동일. 지옥을 말하는 범명梵名. 또는 나락가那落迦·나라가那羅柯. 번역하여 고구苦具·고기苦器. 또 날락가와 나락가를 구별하여, 날락가를 지옥 및 괴로움을 받는 곳이라 하고, 나락가를 괴로움을 받는 지옥의 죄인이라고도 한다.

81 전영奠楹의 꿈 : 사람의 죽음을 의미함. 공자가 두 기둥 사이에 앉아 제수를 받는 꿈을 꾸고(夢坐奠於兩楹之間) 얼마 뒤에 죽은 고사가 있다. 『禮記』 「檀弓」 上.

82 현고懸鼓 : 해가 지는 것.『觀無量壽經』에 "見日欲沒。狀如懸鼓。"라고 하였다.
83 인인에 당하여 양보하지 말라 : 원문은 "子曰。當仁不讓於師。"로『論語』「衛靈公」에 나온다.
84 오복五福 : 수壽 · 부富 · 강녕康寧 · 유호덕攸好德 · 고종명考終命. 여기서는 부를 나타낸다.『書經』「洪範」.
85 아홉 길 산을 이루는 : "아홉 길 산을 만드는 데 흙 한 삼태기 때문에 이루지 못한다.(爲山九仞。功虧一簣。)"라는 말이 있다.『書經』「旅獒」.
86 사사四事 : 주 15 참조.
87 육법六法 : 복을 구하는 여섯 가지 법. 곧 시주 · 교계敎誡 · 참음 · 법설의설法說義說 · 중생을 보호함 · 무상정진無上正眞의 도를 구하는 일이다.
88 금시조金翅鳥 : ⓢ garuḍa. 가루라迦樓羅 · 가류라加留羅 · 계로다揭嚕荼라 음역하고 묘시조妙翅鳥라 의역한다. 인도 신화에 나오는 가공의 대조大鳥. 이상화된 신령스러운 새. 사천하四天下의 대수大樹에 내려 용을 잡아먹고 양 날개를 펴면 336만 리나 된다고 한다. 그 날개는 금색이다. 대승경전에서는 천룡팔부天龍八部의 하나이고, 밀교에서는 범천梵天 · 대자재천大自在天이 중생을 구하기 위해 이 새의 모습을 빌려 나타난다고 한다.
89 위덕 비구威德比丘 : 범명梵名은 욱가郁伽(ⓢ ugra). 비사리성 부근의 상촌象村 사람. 언젠가 숲에서 기생과 놀며 술에 크게 취해 있었는데 멀리 세존께서 단정하게 정좌하신 것을 보고 곧 귀의하여 계를 받았다. 부처님 멸도 후에는 모든 재산을 종단에 희사했다.
90 파다존자婆多尊者 : 미상.
91 관세음보살觀世音菩薩 : ⓢ Avalokiteśvara. 아박로지저습벌라阿縛盧枳低濕伐邏라 음역하고, 관자재觀自在 · 광세음光世音 · 관세자재觀世自在 · 관음자재觀音自在라 의역한다. 대자대비大慈大悲를 근본 서원으로 하는 보살. 미타삼존의 하나로 아미타불의 왼쪽 보처補處. 관세음이란 '세간의 음성을 관하는'이라는 뜻. 관자재라 함은 '지혜로 관조하므로 자재한 묘과妙果를 얻은'이라는 뜻. 또 중생에게 온갖 두려움이 없는 무외심無畏心을 베푼다는 뜻으로 시무외자施無畏者라 하고, 자비를 위주로 한다는 뜻으로 대비성자大悲聖者라 하며, 세상을 구제하므로 구세대사救世大士라고도 한다. 이 보살이 세상을 교화함에는 중생의 근기에 맞추어 여러 가지 형체로 나타난다. 이를 보문시현普門示現이라 하며, 삼십삼신三十三身이 있다고 한다. 왼손에 든 연꽃은 중생이 본래 갖춘 불성佛性을 표시하고, 그 꽃이 핀 것은 불성이 드러나서 성불한다는 뜻이고, 그 봉오리는 불성이 번뇌에 물들지 않고 장차 필 것을 나타낸다. 그 종류로는 육관음(성 · 천수 · 마두 · 십일면 · 준제 · 여의륜)이 보통, 그중 성관음聖觀音이 본신이고, 다른 것은 보문시현의 변화신. 그 정토淨土 또는 있는 곳을 보타락가補陀落迦(ⓢ Potalaka)라

고 하나, 원래 『華嚴經』에 남인도 마뢰구타국의 보타락가라 한 것이 처음이고, 중국에서는 절강성의 주산도舟山島를 보타락가라 하였다.

92 **대세지보살大勢至菩薩** : Ⓢ Mahāsthāmaprāpta. 아미타불의 오른편 보처補處. 마하살타마발라발다摩訶薩駄摩鉢羅鉢跢라 음역하고, 대정진大精進 · 득대세得大勢라 의역한다. 아미타불에겐 자비문과 지혜문이 있는데, 관세음은 자비문을 표하고, 대세지는 지혜문을 표한다. 이 보살의 지혜 광명이 모든 중생에게 비치어 삼도三途를 여의고 위없는 힘을 얻게 하므로 대세지라 한다. 또 발을 디디면 삼천세계와 마군의 궁전이 진동하므로 대세지라 한다. 형상은 정수리에 보배 병을 얹고 아미타불의 오른쪽에 있으며, 염불하는 수행자를 맞아 갈 때에는 합장하는 것이 통례이다.

93 **삼통三統** : 하夏 · 은殷 · 주周 시대의 삼통. 곧 천통天統 · 지통地統 · 인통人統을 말한다. 정삭正朔을 말한 것으로 건자지월建子之月(음력 11월)이 천통, 건축지월建丑之月(음력 12월)이 지통, 건인지월建寅之月(음력 1월)이 인통이다. 여기서는 나라가 통일이 되어 동일한 책력을 사용하면서 태평을 누린다는 말이다.

94 **팔열八熱** : 또는 팔대지옥八大地獄. 뜨거운 불길로 인하여 고통을 받는 여덟 가지 큰 지옥. ① 등활지옥等活地獄. 고통을 받아 죽었다가 찬바람이 불어와서 살아나면, 또다시 뜨거운 고통을 받는 지옥. ② 흑승지옥黑繩地獄. 뜨거운 쇠사슬로 몸과 팔다리를 묶어 놓고 큰 톱으로 끊는 지옥. ③ 중합지옥衆合地獄. 여러 가지 고통을 주는 기구가 한꺼번에 닥쳐와서 몸을 핍박하여 해치는 지옥. ④ 규환지옥叫喚地獄. 온갖 모진 고통을 견디다 못해 원망하는 슬픈 고함 소리를 지르게 되는 지옥. ⑤ 대규환지옥大叫喚地獄. 지독한 고통에 못 견디어 통곡을 하는 지옥. ⑥ 초열지옥焦熱地獄. 뜨거운 불길이 몸을 둘러싸서 그 뜨거움을 견디기 어려운 지옥. ⑦ 대초열지옥大焦熱地獄. 뜨거운 고통이 더욱 심한 지옥. ⑧ 무간지옥無間地獄. 아비지옥阿鼻地獄이라고도 하며, 쉴 새 없이 고통을 받는 지옥.

95 **오고五苦** : 다섯 종류의 괴로움. ① 제천고 · 인도고 · 축생고 · 아귀고 · 지옥고. ② 생고生苦 · 노고老苦 · 병고病苦 · 사고死苦 · 애별리고愛別離苦. ③ 생고 · 노고 · 병고 · 사고 · 옥고獄苦. ④ 생로병사고 · 애별리고 · 원증회고怨憎會苦 · 구부득고求不得苦 · 오음성고五陰盛苦.

96 **유자후柳子厚** : 유종원柳宗元(773~819). 당나라의 문인. 당송팔대가唐宋八大家의 한 사람. 장안長安 출생. 관직에 있을 때 한유韓愈 · 유우석劉禹錫 등과 친교를 맺었다. 왕숙문王叔文의 신정新政에 참여하였으나 실패하여 변경 지방으로 좌천되었다. 이러한 좌절과 13년간에 걸친 변경에서의 생활이 그의 사상과 문학을 심화시켰다. 고문의 대가로서 한유와 병칭되었다.

97 **오곡五穀과 구곡九穀** : 오곡五穀과 구곡九穀.

98 **오미五味** : 신맛, 쓴맛, 단맛, 매운맛, 짠맛.

99 구류九流 : 후한後漢의 역사가 반고班固가 자신의 저서 『漢書』에서 당대의 학파를 아홉 부류로 분류하였다. 유가儒家·도가道家·음양가陰陽家·법가法家·명가名家·묵가墨家·종횡가縱橫家·잡가雜家·농가農家를 말한다.

100 자강불식自强不息 : 『周易』「乾卦」 '大象傳'에 "하늘의 운행이 쉼이 없으니 군자가 이를 보고 스스로 힘써 쉬지 않는다.(天行乾。君子以自彊不息。)"라고 하였다.

101 집무하는 : 원문은 '撫琴'. 송宋나라 때 조변趙抃은 촉주 자사蜀州刺史가 되어 부임할 때 말 한 필을 타고 거문고 하나와 학 한 마리만 가지고 가서 고을을 다스리면서 마루에서 내려오지 않았다고 한다. 여기서 거문고를 어루만진다는 말은 곧 관아에서 집무함을 이르는 말이다. 『宋史』「趙抃傳」.

102 부가浮家 : 배나 수상 가옥으로, 은자가 사는 곳이다. 당나라 장지화張志和는 강호江湖에 살면서 자칭 연파조도烟波釣徒라고 하였다. 안진경顔眞卿이 호주 자사湖州刺史로 오자 가서 알현하고 낡은 배를 고쳐 주기를 청하며 부가(떠다니는 집)나 범택汎宅(떠다니는 집)에 살며 물 위를 오고 가며 살고 싶다고 하였다. 『唐書』「張志和傳」.

103 '금신무양석란산金身無恙錫蘭山'의 게송 : 『東師列傳』「鐵鶴禪伯傳」에 유래가 있다. "추사秋史 김 참판金參判의 시집에 추사가 사문師文(철요)에게 증정한 절구시 한 수가 있었으니 그 내용은 다음과 같다. '다섯 천축국 손바닥 안에 있고 / 팔수와 삼봉을 오고 가네 / 관 밖에 발 드러낸 것으로 조사의 심인 삼지 마시게 / 부처님은 아무 탈 없이 석란산錫蘭山(스리랑카)에 계신다네.(後得見秋史金叅判詩集。贐師文詩一絶曰。五天竺在掌中間。八水三峰徃復還。莫把示趺傳祖印。金身無恙錫蘭山。)'" 『東師列傳』(범해 각안 저, 김두재 역, 동국대학교출판부, p.463).

104 상하일숙桑下一宿 : 상하일숙지연桑下一宿之緣의 준말로 뽕나무 밑에서 하룻밤을 지낸 인연이란 뜻인데, 잠시 동안 머무른다는 뜻이다.

105 공복功服 : 상례喪禮에서 소공小功 5개월 복服과 대공大功 9개월 복을 아울러 가리키는 말이다.

106 예상翳桑의 아인餓人 : 예상은 옛 지명인데, 먹을 것이 없어 굶어 죽는 것을 상징하는 말로 쓰인다. 춘추시대 진晉나라 영첩靈輒이 이곳에서 굶주리고 있는 것을 조돈趙盾이 지나다 보고 먹을 것을 주어 구제해 주었고, 그 뒤에 영첩이 진나라 영공靈公의 갑사甲士가 되어 위험에 처한 조돈을 다시 구제해 줌으로써 조돈이 죽음을 모면하였다. 『春秋左氏傳』「宣公」 2년.

107 정이鼎彝 : 정鼎은 솥, 이彝는 오곡을 담는 제기. 항상 종묘에 비치하고 국가에 공적이 있는 사람들의 사적을 새겨 제사를 받든다.

108 갈마교수羯摩教授 : ⓢ karmācārya. 또는 갈마사羯魔師. 계단戒壇에서 계를 받는 이에게 지침이 되는 스님. 소승계小乘戒에서는 학덕과 법랍을 갖춘 스님으로 선정, 원돈교圓頓教에서는 문수를 갈마아사리로 한다.

109 두보杜甫(712~770) : 자는 자미子美, 호는 소릉少陵. 중국 최고의 시인으로서 시성詩聖이라 불렸으며, 또 이백李白과 병칭하여 이두李杜라고 일컫는다. 소년 시절부터 시를 잘 지었으나 과거에는 급제하지 못하였고 각지를 방랑하여 이백·고적高適 등과 알게 되었으며 후에 장안長安으로 나왔으나 여전히 불우하였다. 44세에 안녹산安祿山의 난이 일어나 적군에게 포로가 되어 장안에 연금된 지 1년 만에 탈출, 새로 즉위한 황제 숙종肅宗의 행재소行在所에 달려갔으므로 그 공에 의하여 좌습유左拾遺의 관직에 오르게 되었다. 48세에 관직을 버리고 처자와 함께 사천성四川省의 성도成都에 정착하여 교외의 완화계浣花溪에다 초당을 세웠다. 성도를 떠나 여기저기 방랑하다가 병을 얻어 동정호洞庭湖에서 59세를 일기로 병사하였다.

110 왕희지王羲之(307~365) : 자는 일소逸少. 우군장군右軍將軍의 벼슬을 하였으므로 왕우군王右軍이라고 불렸다. 오늘날의 산동성山東省 임기현臨沂縣 출신이며 중국 동진東晉의 서예가. 중국 고금의 첫째가는 서성書聖으로 존경받고 있다. 해서楷書·행서行書·초서草書의 각 서체를 완성함으로써 예술로서의 서예의 지위를 확립하였다. 그의 서풍書風은 전아典雅하고 힘차며 귀족적인 기품이 높다.

111 조맹부趙孟頫(1254~1322) : 자는 자앙子昻, 호는 송설 도인松雪道人, 시호는 문민文敏. 절강성浙江省 오흥현吳興縣 출생. 송나라 종실 출신이며, 원나라 세조世祖에 발탁된 뒤 역대 황제를 섬겼다. 원나라의 화가이자 서예가이다. 서예에서 왕희지의 전형에 복귀할 것을 주장하고 그림에서는 당나라와 북송의 화풍으로 되돌아갈 것을 주장하였다. 그림은 산수·화훼·죽석·인마 등에 모두 뛰어났고 서예는 특히 해서·행서·초서의 품격이 높았으며 당시 복고주의의 지도적 입장에 있었다.

112 창봉窓蜂 : 고령 신찬古靈神贊 선사는 백장 회해百長懷海 선사의 법사法嗣로서 대중사大中寺에서 수행하다가 하루는 벌이 창문의 종이를 뚫고 나가려고 하는 것을 보고 이르기를, 세계가 이같이 넓은데 나가지 못하고 부질없이 옛 종이만 뚫으니 당나귀 해에나 나가리라고 하였다.

찾아보기

각로覺老(각진 국사) / 152
각안覺岸 / 107
각운覺雲 / 115
『강목綱目』 / 132
강진 고성암康津高聲庵 / 150
견향見香 / 103
경담鏡潭 / 68
경문敬文 상인 / 95
『경훈기警訓記』 / 181
고진불암古眞佛庵 / 136
곡직변曲直辨 / 56
관음암觀音庵 / 32
관준寬俊 / 111
교윤敎允 화상 / 150
교敎 율사 / 170
권돈인權敦仁 / 41
근계根溪 / 124
금강산방金剛山房 / 30
금담金潭 / 44
금명 보정錦溟寶鼎 / 182
금산錦山 / 34
긍률亘律 / 107
기림사祇林寺 / 47
기정奇正 / 36
김광우金匡祐 / 144
김달룡金達龍 / 32
김명순金明淳 / 29
김상복金相福 / 41

김상헌金尙憲 / 41
김 아사金雅士 / 107
김우형金宇亨 / 41
김태희金台禧 / 27

나운羅云 / 61
남극성南極星 / 36
남미륵암南彌勒庵 / 54
남병철南秉哲 / 41
낭암朗巖 / 68
노인성老人星 / 36
녹적綠績 / 124
뇌묵雷黙 선사 / 40, 179
능견난사能見難思 / 53

다례茶禮 / 156, 179
다약설茶藥說 / 49
단양 정丁 사군 / 170
달마산達摩山 / 39
『담연집覃研集』 / 65
『당의唐儀』 / 30
대동색大同色 / 62
대둔사 무량회大芚寺無量會 / 154
대둔사사적비大芚寺事蹟碑 / 41

대둔사지 약기大芚寺志畧記 / 38
『대둔지大芚志』/ 39, 65, 107, 138
대승계大乘戒 / 68
대은大隱 / 44
『대일경大日經』/ 29
덕송德松 / 68
덕암德庵 / 36
도갑사 / 44
도선道詵 스님 / 38, 99, 107, 111, 144
『동사전東師傳』/ 182
동산東山 / 34, 36, 37
『동시만선東詩漫選』/ 130
『동시선東詩選』/ 182
동화東化 / 68
『두륜당시집頭輪堂詩集』/ 118
두륜산 상원암頭輪山上院庵 / 111
두륜산 시왕전頭輪山十王殿 / 107
두륜산 영산전頭輪山靈山殿 / 103
두륜산 진불암頭輪山眞佛庵 / 99

만덕사萬德寺 / 150
「만일암기문」/ 54
『만일암지挽日庵志』/ 54, 139
만일회萬日會 / 60
『명수집名數集』/ 182
명주明晝 장로 / 118
무량회無量會 / 154, 162
무안 법천사務安法泉寺 / 158
무용無用 선사 / 118
무위無爲 / 36, 49, 68, 79, 99, 138, 173
묵암默庵 / 68

묵화默和 선사 / 180
문담文潭 화상 / 175
문신文信 / 108
문암聞菴 / 180
문향각聞香閣 / 95
미봉眉峯 / 68
미황사美黃寺 / 60
민철호閔哲鎬 / 41

박노하朴蘆河 / 166
『박의기博議記』/ 182
백광훈白光勳 / 41
백암栢庵 / 115
백양산 청류동白羊山淸流洞 / 152
백진남白振南 / 41
백파白坡 율사 / 68, 77, 115
벌초계伐草契 / 127
『범망경梵網經』/ 134
범망수연비니회梵網遂緣毘尼會 / 181
범해梵海 / 76
범해 선사 행장梵海禪師行狀 / 180
법명法明 / 108
벽담碧潭 / 68
벽하 대우碧霞大愚 / 65
벽해碧海 / 99
『보장록寶藏錄』/ 40, 169
보제회普濟會 / 121
보조국사普照國師 / 53
복엄福嚴 / 142
『본초本草』/ 29, 30
『본행경本行經』/ 148

찾아보기 • 199

부인富仁 / 49
북두칠성단 / 111
북미륵암北彌勒庵 / 65
『불조원류佛祖源流』 / 148
『불조통재佛祖通載』 / 64, 148

『사략기史略記』 / 182
사맹불량안四孟佛粮案 / 136, 137
사명泗溟 대사 / 40, 179
『사비기四碑記』 / 182
『사십이장경四十二章經』 / 46
『사십이장경기四十二章經記』 / 181
『사십이장경평과四十二章經評科』 / 46
「산성론山城論」 / 40
산신암山神巖 / 32
상원암上院庵 / 36
상월 새봉霜月璽篈 / 65
상월새봉비霜月璽篈碑 / 41
상포계喪布契 / 128
서봉瑞峰 상인 / 32
서산西山 대사 / 39, 40, 111, 156
서산대사비西山大師碑 / 40
서씨 동족계안徐氏同族契案 / 127
서유린徐有麟 / 41
서해 묘언犀海妙彦 / 182
『석씨원류釋氏源流』 / 148
『선문만어禪門謾語』 / 115
『선문수경禪門手鏡』 / 115, 116
선은산仙隱山 / 39
설봉 회정雪峯懷淨 / 65
설암 추붕雪巖秋鵬 / 65

설암추붕비雪巖秋鵬碑 / 41
설우雪藕 / 44
설허雪虛 / 154
『성도기成道記』 / 148
성도암成道庵 / 36
성호省浩 / 108
송정松汀 이 선생 / 51
송파공松坡公 / 144
수보살계 계안受菩薩戒契案 / 134
수보살계첩受菩薩戒牒 / 44
승족보僧族譜 / 124
시찬時贊 / 108
신 승지申承旨 / 172, 173
신 참판申叅判 / 178
신헌구申獻求 / 41
심수心守 비구 / 39
심여心如 / 107
쌍계사雙溪寺 / 34

아도阿度 화상 / 38, 99, 107, 111, 144
아신阿辛 / 54
『아육경阿育經』 / 54
아육왕탑阿育王塔 / 54
안인安忍 / 99
안훤安暄 / 124
양악羊岳 / 68
여산 미륵사礪山彌勒寺 / 160
여초如初 율사 / 168
연담 유일蓮潭有一 / 65, 68, 111
연담유일비蓮潭有一碑 / 41
연파蓮坡 / 68, 111

연파혜장비蓮坡慧藏碑 / 41
영산影山 / 68, 76
『영산재의靈山齋儀』 / 29
영산전靈山殿 / 144
영허靈虛 / 60
영허映虛 / 68
오종결의론五種決疑論 / 64
완담玩潭 / 68
완당阮堂 / 76
완명玩溟 / 154
완파玩坡 / 178
완호玩虎 대사 / 47, 142
완호윤우비玩虎尹祐碑 / 41
요옹寥翁 이 선생 / 132, 133, 180
용운龍雲 대사 / 78
용화회龍華會 / 29, 96
우담優曇 / 68
운거雲居 / 180
운沄 상인 / 44
운수雲水 / 108
원응 계정圓應戒定 / 182
원준圓俊 / 167
원철圓徹 조사 / 39
원화圓華 / 68
원효元曉 국사 / 38
월여月如 스님 / 27
월저 도안月渚道安 / 65
월저도안비月渚道安碑 / 41
월출산月出山 / 39
『유교경기遺敎經記』 / 181
유찬宥粲 / 99, 136
윤금양尹琴陽 / 107
윤덕희尹德熙 / 41
윤선도尹善道 / 41

윤자계안潤字契案 / 140
율암 찬의栗庵讚儀 / 182, 183
은隱 장로 / 115
은적암隱跡庵 / 27
응암應庵 / 68
응화應化 / 180
의관誼寬 / 107
의상義湘 조사 / 38
의현義玄 / 60
이덕수李德壽 / 41
이보일李輔逸 / 29
이 부사李府使 / 107
이석보李奭輔 / 41
이李 선생 / 34
이송파李松坡 / 107
이충익李忠翊 / 41
이침산李枕山 / 138
이학래李學來 / 41
이홍주李弘冑 / 41
이희풍李喜豊(송파松坡) / 40
익신翼信 / 61
인기 상포계안仁基喪布契案 / 128
일로향실一爐香室 / 65
일우一愚 / 115
일지一指 / 68
일허 거사一虛居士 / 164
임억령林億齡 / 41
임제林悌 / 41

자례子禮 / 136
자설혜자계안自說慧字契案 / 142

찾아보기 • 201

자암慈庵 / 54
자웅종기雌雄鐘記 / 25
자장慈臧 법사 / 38
자찬自贊 / 80
자행慈行 / 181
장계곡張磎谷 / 40
장기도長崎島 / 47
장률仗律 / 107
장연 부사長淵府使 / 169
적공寂公 / 124
적광전寂光殿 / 146
『전등록傳燈錄』/ 64, 65, 148
정약용丁若鏞 / 39, 40, 41, 139
정학연丁學淵 / 41
정행득鄭幸得 / 60
『제서명수諸書名數』/ 126
조붕근趙鵬根 / 111
조 판서趙判書 / 174
『좌전左傳』/ 51
주검돌朱黔突 / 62
『죽미기竹迷記』/ 39, 54, 138
『죽미서竹迷書』/ 107
중관자中觀子 / 138
중관 해안中觀海眼 / 39
중부자中孚子(초의 의순) / 115
지택智澤 / 108
『진보기眞寶記』/ 182
진불암眞佛庵 / 36, 44
『진불암지眞佛庵志』/ 138
진한進閑 / 124

채제공蔡濟恭 / 41
채홍采泓 / 99
채희암蔡希庵 / 41
처영處英 / 40
천관산天冠山 / 39
「천문지天文志」/ 36
천불 조성 약기千佛造成畧記 / 47
철선鐵船 / 68, 107, 111
철선혜즙비鐵船惠楫碑 / 41
철요鐵鷂 스님 / 175
첨성실瞻星室 / 34
청련靑蓮 / 39
청양 수령(정대림丁大林) / 168
청연淸淵 / 68
청허淸虛 / 148
초의草衣 / 68, 103, 107, 115, 134, 144, 180
최수강崔壽崗 / 180
축맹치逐虻峙 / 59
춘파春坡 / 99, 136
취여 삼우醉如三愚 / 65
취운 동산翠雲東山 / 182
취운 혜오翠雲慧悟 / 182
치악산雉樂山 / 25
치암痴庵 / 107
칠성전七星殿 / 111
침계루枕溪樓 / 41
침명枕溟 / 68
침송枕松 스님 / 44
침월枕月 스님 / 44

태안사泰安寺 / 59
태호太湖 / 181
『통감通鑑』 / 132
『통감기通鑑記』 / 182
『통감사기通鑑私記』 / 132
퇴은退隱 / 68

포옹圃翁(정몽주) / 152
표충사비表忠祠碑 / 41
표충사表忠祠 / 39, 81, 169
풍담 의심楓潭義諶 / 65
풍담의심비楓潭義諶碑 / 41
풍암豊庵 / 107

하의荷衣 / 142, 180
함명涵溟 / 68
함월 해원涵月海源 / 65
함월해원비涵月海源碑 / 41

해림령海臨嶺 / 36
허許 선달 / 177
허許 순찰사 / 34
허주虛舟 / 44, 68
혜엄慧嚴 / 142
혜일慧日 선사 / 32
혜철慧徹 국사 / 59
호암 체정虎巖體淨 / 65, 111
호암체정비虎巖體淨碑 / 41
호의縞衣 선사 / 180
혼허渾虛 스님 / 68, 176
홍계희洪啓禧 / 41
화담華潭 선사 / 180
화문化門 / 68
『화보花譜』 / 29, 30
화악 문신華岳文信 / 65
화엄축기삼승법華嚴逐機三乘法 / 181
환성 지안喚惺志安 / 65
환성지안비喚惺志安碑 / 41
회암悔庵 / 154
『효경孝經』 / 128
훤喧 상인 / 122
희암希庵 선생 / 118

12종사 / 65

한글본 한국불교전서

조·선·출·간·본

조선1 작법귀감
백파 긍선 | 김두재 옮김 | 신국판 | 336쪽 | 18,000원

조선2 정토보서
백암 성총 | 김종진 옮김 | 4X6판 | 224쪽 | 12,000원

조선3 백암정토찬
백암 성총 | 김종진 옮김 | 4X6판 | 156쪽 | 9,000원

조선4 일본표해록
풍계 현정 | 김상현 옮김 | 4X6판 | 180쪽 | 10,000원

조선5 기암집
기암 법견 | 이상현 옮김 | 신국판 | 320쪽 | 18,000원

조선6 운봉선사심성론
운봉 대지 | 이종수 옮김 | 4X6판 | 200쪽 | 12,000원

조선7 추파집·추파수간
추파 홍유 | 하혜정 옮김 | 신국판 | 340쪽 | 20,000원

조선8 침굉집
침굉 현변 | 이상현 옮김 | 신국판 | 300쪽 | 17,000원

조선9 염불보권문
명연 | 정우영·김종진 옮김 | 신국판 | 224쪽 | 13,000원

조선10 천지명양수륙재의범음산보집
해동사문 지환 | 김두재 옮김 | 신국판 | 636쪽 | 28,000원

조선11 삼봉집
화악 지탁 | 김재희 옮김 | 신국판 | 260쪽 | 15,000원

조선12 선문수경
백파 긍선 | 신규탁 옮김 | 신국판 | 180쪽 | 12,000원

조선13 선문사변만어
초의 의순 | 김영욱 옮김 | 4X6판 | 192쪽 | 11,000원

조선14 부휴당대사집
부휴 선수 | 이상현 옮김 | 신국판 | 376쪽 | 22,000원

조선15 무경집
무경 자수 | 김재희 옮김 | 신국판 | 516쪽 | 26,000원

조선16 무경실중어록
무경 자수 | 성재헌 옮김 | 신국판 | 340쪽 | 20,000원

조선17 불조진심선격초
무경 자수 | 성재헌 옮김 | 신국판 | 168쪽 | 11,000원

조선18 선학입문
김대현 | 성재헌 옮김 | 신국판 | 240쪽 | 14,000원

조선19 사명당대사집
사명 유정 | 이상현 옮김 | 신국판 | 508쪽 | 26,000원

조선20 송운대사분충서난록
신유한 엮음 | 이상현 옮김 | 신국판 | 324쪽 | 20,000원

조선21 의룡집
의룡 체훈 | 김석군 옮김 | 신국판 | 296쪽 | 17,000원

조선22 응운공여대사유망록
응운 공여 | 이대형 옮김 | 신국판 | 350쪽 | 20,000원

조선23 사경지험기
백암 성총 | 성재헌 옮김 | 신국판 | 248쪽 | 15,000원

조선24 무용당유고
무용 수연 | 이상현 옮김 | 신국판 | 292쪽 | 17,000원

조선25 설담집
설담 자우 | 윤찬호 옮김 | 신국판 | 200쪽 | 13,000원

조선26 동사열전
범해 각안 | 김두재 옮김 | 신국판 | 652쪽 | 30,000원

조선27 청허당집
청허 휴정 | 이상현 옮김 | 신국판 | 964쪽 | 47,000원

조선28 대각등계집
백곡 처능 | 임재완 옮김 | 신국판 | 408쪽 | 23,000원

조선29 반야바라밀다심경략소연주기회편
석실 명안 엮음 | 강찬국 옮김 | 신국판 | 296쪽 | 17,000원

조선 30 허정집
허정 법종 | 성재헌 옮김 | 신국판 | 488쪽 | 25,000원

조선 31 호은집
호은 유기 | 김종진 옮김 | 신국판 | 264쪽 | 16,000원

조선 32 월성집
월성 비은 | 이대형 옮김 | 4X6판 | 172쪽 | 11,000원

조선 33 아암유집
아암 혜장 | 김두재 옮김 | 신국판 | 208쪽 | 13,000원

조선 34 경허집
경허 성우 | 이상하 옮김 | 신국판 | 572쪽 | 28,000원

조선 35 송계대선사문집·상월대사시집
송계 나식·상월 새봉 | 김종진·박재금 옮김 | 신국판 | 440쪽 24,000원

조선 36 선문오종강요·환성시집
환성 지안 | 성재헌 옮김 | 신국판 | 296쪽 | 17,000원

조선 37 역산집
영허 선영 | 공근식 옮김 | 신국판 | 368쪽 | 22,000원

조선 38 함허당득통화상어록
득통 기화 | 박해당 옮김 | 신국판 | 300쪽 | 18,000원

조선 39 가산고
월하 계오 | 성재헌 옮김 | 신국판 | 446쪽 | 24,000원

조선 40 선원제전집도서과평
설암 추붕 | 이정희 옮김 | 신국판 | 338쪽 | 20,000원

조선 41 함홍당집
함홍 치능 | 성재헌 옮김 | 신국판 | 348쪽 | 21,000원

조선 42 백암집
백암 성총 | 유호선 옮김 | 신국판 | 544쪽 | 27,000원

조선 43 동계집
동계 경일 | 김승호 옮김 | 신국판 | 380쪽 | 22,000원

조선 44 용암당유고·괄허집
용암 체조·괄허 취여 | 김종진 옮김 | 신국판 | 404쪽 | 23,000원

조선 45 운곡집·허백집
운곡 충휘·허백 명조 | 김재희·김두재 옮김 | 신국판 | 514쪽 | 26,000원

조선 46 용담집·극암집
용담 조관·극암 사성 | 성재헌·이대형 옮김 | 신국판 | 520쪽 | 26,000원

조선 47 경암집
경암 응윤 | 김재희 옮김 | 신국판 | 300쪽 | 18,000원

조선 48 석문상의초 외
벽암 각성 외 | 김두재 옮김 | 신국판 | 338쪽 | 20,000원

조선 49 월파집·해붕집
월파 태율·해붕 전령 | 이상현·김두재 옮김 | 신국판 | 562쪽 | 28,000원

조선 50 몽암대사문집
몽암 기영 | 이상현 옮김 | 신국판 | 348쪽 | 21,000원

조선 51 징월대사시집
징월 정훈 | 김재희 옮김 | 신국판 | 272쪽 | 16,000원

조선 52 통록촬요
엮은이 미상 | 성재헌 옮김 | 신국판 | 508쪽 | 26,000원

조선 53 충허대사유집
충허 지책 | 성재헌 옮김 | 신국판 | 296쪽 | 18,000원

조선 54 백열록
금명 보정 | 김종진 옮김 | 신국판 | 364쪽 | 22,000원

조선 55 조계고승전
금명 보정 | 김용태·김호귀 옮김 | 신국판 | 384쪽 | 22,000원

조선 56 범해선사시집
범해 각안 | 김재희 옮김 | 신국판 | 402쪽 | 23,000원

신·라·출·간·본

신라 1 인왕경소
원측 | 백진순 옮김 | 신국판 | 800쪽 | 35,000원

신라 2 범망경술기
승장 | 한명숙 옮김 | 신국판 | 620쪽 | 28,000원

신라 3 대승기신론내의약탐기
태현 | 박인석 옮김 | 신국판 | 248쪽 | 15,000원

| 신라 4 | 해심밀경소 제1 서품
원측 | 백진순 옮김 | 신국판 | 448쪽 | 24,000원

| 신라 5 | 해심밀경소 제2 승의제상품
원측 | 백진순 옮김 | 신국판 | 508쪽 | 26,000원

| 신라 6 | 해심밀경소 제3 심의식상품 제4 일체법상품
원측 | 백진순 옮김 | 신국판 | 332쪽 | 20,000원

| 신라 12 | 무량수경연의술문찬
경흥 | 한명숙 옮김 | 신국판 | 800쪽 | 35,000원

| 신라 13 | 범망경보살계본사기 상권
원효 | 한명숙 옮김 | 신국판 | 272쪽 | 17,000원

| 신라 14 | 화엄일승성불묘의
견등 | 김천학 옮김 | 신국판 | 264쪽 | 15,000원

| 신라 15 | 범망경고적기
태현 | 한명숙 옮김 | 신국판 | 612쪽 | 28,000원

| 신라 16 | 금강삼매경론
원효 | 김호귀 옮김 | 신국판 | 666쪽 | 32,000원

| 신라 17 | 대승기신론소기회본
원효 | 은정희 옮김 | 신국판 | 536쪽 | 27,000원

| 신라 18 | 미륵상생경종요 외
원효 | 성재헌 외 옮김 | 신국판 | 420쪽 | 22,000원

| 신라 19 | 대혜도경종요 외
원효 | 성재헌 외 옮김 | 신국판 | 256쪽 | 15,000원

| 신라 20 | 열반종요
원효 | 이평래 옮김 | 신국판 | 272쪽 | 16,000원

| 신라 21 | 이장의
원효 | 안성두 옮김 | 신국판 | 256쪽 | 15,000원

| 신라 22 | 본업경소 하권 외
원효 | 최원섭·이정희 옮김 | 신국판 | 368쪽 | 22,000원

| 신라 23 | 중변분별론소 제3권 외
원효 | 박인성 외 옮김 | 신국판 | 288쪽 | 17,000원

| 신라 24 | 지범요기조람집
원효·진원 | 한명숙 옮김 | 신국판 | 310쪽 | 19,000원

| 신라 25 | 집일 금광명경소
원효 | 한명숙 옮김 | 신국판 | 636쪽 | 31,000원

고·려·출·간·본

| 고려 1 | 일승법계도원통기
균여 | 최연식 옮김 | 신국판 | 216쪽 | 12,000원

| 고려 2 | 원감국사집
충지 | 이상현 옮김 | 신국판 | 480쪽 | 25,000원

| 고려 3 | 자비도량참법집해
조구 | 성재헌 옮김 | 신국판 | 696쪽 | 30,000원

| 고려 4 | 천태사교의
제관 | 최기표 옮김 | 4X6판 | 168쪽 | 10,000원

| 고려 5 | 대각국사집
의천 | 이상현 옮김 | 신국판 | 752쪽 | 32,000원

| 고려 6 | 법계도기총수록
저자 미상 | 해주 옮김 | 신국판 | 628쪽 | 30,000원

| 고려 7 | 보제존자삼종가
고봉 법장 | 하혜정 옮김 | 4X6판 | 216쪽 | 12,000원

| 고려 8 | 석가여래행적송·천태말학운묵화상경책
운묵 무기 | 김성옥·박인석 옮김 | 신국판 | 424쪽 | 24,000원

| 고려 9 | 법화영험전
요원 | 오지연 옮김 | 신국판 | 264쪽 | 17,000원

| 고려 10 | 남명천화상송증도가사실
□련 | 성재헌 옮김 | 신국판 | 418쪽 | 23,000원

| 고려 11 | 백운화상어록
백운 경한 | 조영미 옮김 | 신국판 | 348쪽 | 21,000원

※ 한글본 한국불교전서는 계속 출간됩니다.

범해 각안梵海覺岸
(1820~1896)

호는 범해梵海, 자는 환여幻如, 법명은 각안覺岸이다. 신라 최치원崔致遠의 후예이고, 숭록대부 최수강崔壽崗의 6세손으로, 전라남도 완도에서 태어났다. 14세 때 해남 대둔사大芚寺로 출가하여 입적할 때까지 대둔사의 일로향실一爐香室에서 주석하였다. 16세에 삭발하고 하의 정지荷衣正持 선사에게 십계十戒를 받았으며, 호의·하의·초의·문암聞庵·운거雲居·응화應化의 6대 종사에게 교敎와 선禪을 참학하고, 태호太湖·자행慈行 두 선사에게 재의齋儀를 배웠다. 27세에 호의 선사의 인가를 받은 후 진불암과 상원암에서 6년간 강설을 펼쳐, 유불선 삼교의 교부敎父이고 십이종사十二宗師의 법손으로 인정되었다. 저술에는 『경훈기警訓記』·『유교경기遺敎經記』·『사십이장경기四十二章經記』 등 다수가 있는데, 현재는 『동사열전』·『범해선사시집』·『범해선사문집』이 전한다.

옮긴이 김재희

전남대학교 중어중문학과를 졸업하고 한학자 만취晩翠 위계도魏啓道 선생으로부터 가르침을 받았다. 현재 광주 백천서당百千書堂에서 후학을 양성하고 있다. 한국불교전서 역서로 『삼봉집』, 『무경집』, 『운곡집』, 『경암집』, 『징월대사시집』, 『범해선사시집』 등이 있다.

증의
이종찬(동국대학교 국어국문·문예창작학부 명예교수)